NS.

Chris Gleason

Alles Paletten
Günstig · kreativ · selbstgemacht

Leopold Stocker Verlag
Graz – Stuttgart

Chris Gleason

ALLES PALETTEN

Günstig · kreativ · selbstgemacht

Leopold Stocker Verlag

Graz – Stuttgart

Garderobenspiegel, Seite 66.

Umschlaggestaltung: Werbeagentur Rypka GmbH, 8143 Dobl, www.rypka.at

Bildnachweis Umschlag Vorderseite: © Laura Distin/The Ironstone Nest (unten), © Emilie Perez/Crème Anglaise (links oben); alle anderen Bilder: © Chris Gleason.
Bildnachweis Umschlag Rückseite: © Chris Gleason; unten: © Joanna Billigmeier, www.craftynester.com

Titel der Originalausgabe: Chris Gleason: Wood Pallet Projects. Cool and Easy-to-Make-Projects for the Home and Garden, Fox Chapel Publishing Company, Inc. All rights reserved. Copyright © 2013 by Chris Gleason and Fox Chapel Publishing Company, Inc., East Petersburg, PA/USA. Translation into German Copyright © 2013 by Leopold Stocker Verlag GmbH. All rights reserved. Published under license.

Aus dem Englischen ins Deutsche übertragen von Dr. Claudia Tancsits

Bibliografische Information der Deutschen Nationalbibliothek
Die Deutsche Nationalbibliothek verzeichnet diese Publikation in der Deutschen Nationalbibliografie; detaillierte bibliografische Daten sind im Internet unter http://dnb.d-nb.de abrufbar.

Hinweis: Dieses Buch wurde auf chlorfrei gebleichtem Papier gedruckt. Die zum Schutz vor Verschmutzung verwendete Einschweißfolie ist aus Polyethylen chlor- und schwefelfrei hergestellt. Diese umweltfreundliche Folie verhält sich grundwasserneutral, ist voll recyclingfähig und verbrennt in Müllverbrennungsanlagen völlig ungiftig.

Auf Wunsch senden wir Ihnen gerne kostenlos unser Verlagsverzeichnis zu:
Leopold Stocker Verlag GmbH
Hofgasse 5/Postfach 438
A-8011 Graz
Tel.: +43 (0)316/82 16 36
Fax: +43 (0)316/83 56 12
E-Mail: stocker-verlag@stocker-verlag.com
www.stocker-verlag.com

ISBN 978-3-7020-1425-4

Layout: Werbeagentur Rypka GmbH, 8143 Dobl, www.rypka.at
Druck und Bindung: Gorenjski tisk, Kranj – Slowenien

DER AUTOR

Chris Gleason, der auf einer Farm im US-Bundesstaat New York aufgewachsen ist, lebt in Salt Lake City und leitet seit 1998 eine Möbeltischlerei, die auf Auftragsarbeiten spezialisiert ist. Er hat sich als Autor zahlreicher Do-it-yourself-Bücher einen Namen gemacht. Die Themen reichen vom Möbelbau über den Obst- und Gemüseanbau bis zur Hühnerhaltung im eigenen Garten – auch hier spricht Gleason aus eigener Erfahrung. Das Thema Nachhaltigkeit ist Chris Gleason sowohl bei der Arbeit als auch privat ein besonderes Anliegen.

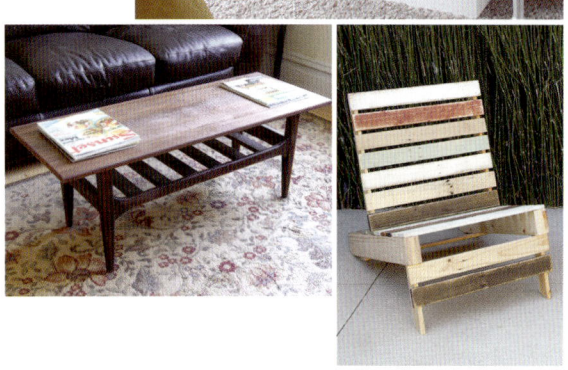

INHALT

WANDELBAR
Vom Abfallholz zum Einrichtungsgegenstand

Man nehme: eine Palette, etwas Zeit und ein bisschen handwerkliches Geschick.
Das Ergebnis kann sich sehen lassen!

Einfache Wohnaccessoires

Teelichthalter: Harte Schale, weicher Kern (Seite 46)

Holzkassette: Gut aufgehoben (Seite 55)

Zeitschriftenbox: Sag mir, was du liest (Seite 60)

Spiegel- oder Bilderrahmen: Spieglein, Spieglein an der Wand … (Seite 49)

Möbel für Haus und Garten

Garderobenspiegel: Hereinspaziert! (Seite 66)

Stuhl: Grobes trifft auf Feines (Seite 71)

Gartenbank: Erste Reihe fußfrei (Seite 85)

Couchtisch: Kraftvolle Eleganz (Seite 77)

Praktisches, das Freude macht

Nistkasten: ... da lass dich ruhig nieder (Seite 92)

Werkzeugkiste: Ordnung macht den Meister (Seite 97)

Werkbank: Ihr praktischer Helfer (Seite 103)

Ukulele: Musikalische „Palette" (Seite 109)

HOLZ-PROJEKTE AUS PALETTEN

Schon seit langem sind Holzpaletten beim Transport verschiedenster Waren unverzichtbar. In letzter Zeit erfreuen sie sich immer größerer Beliebtheit als Ausgangsmaterial für Selbstbaumöbel und Accessoires für Haus und Garten. Die Gründe dafür leuchten ein: Palettenholz ist billig – oft erhält man es kostenlos –, und seine Verwendung ist eine Form von Recycling.

Auch die besondere Eigenart dieses Materials spielt dabei eine Rolle. Jedes Stück Holz hat einen unverwechselbaren, naturgegebenen Charakter. Dazu kommt bei Palettenholz ein besonderer, urwüchsiger Charme. Es ist wettergegerbt, hat Alters- und Gebrauchsspuren. Es hat einen Zweck erfüllt und ist bereit, für einen neuen Zweck eingesetzt zu werden. Dadurch erhält es eine eigene Schönheit, mit der ein funkelnagelneues Stück nicht aufwarten kann.

In diesem Buch will ich zeigen, wie vielseitig Palettenholz sein kann und mit welchem Einfallsreichtum handwerksbegeisterte Menschen daraus schöne, funktionale Möbel und Accessoires herstellen. Bei manchen Stücken, die ich vorstellen will, wird das Material sorgfältig geglättet und veredelt, bei anderen ist der ursprüngliche Verwendungszweck deutlich zu erkennen.

Das Kapitel „Hand anlegen" hilft Ihnen, geeignete Paletten auszusuchen und verwertbares Holz daraus zu gewinnen. Unter der Überschrift „Paletten-Allerlei" können Sie sich von vielfältigen, innovativen Gestaltungsideen aus der ganzen Welt inspirieren lassen. Zu den zwölf Projekten finden Sie Schritt-für Schritt-Anleitungen. Das Spektrum reicht von einfachen Teelichthaltern über eine Gartenbank bis zu einer Ukulele. Gestalten Sie ein oder mehrere Projekte für Ihren Garten, Ihren Wohn- oder Arbeitsbereich – oder lassen Sie sich zu eigenen Ideen anregen.

Allerlei Wissenswertes zum Thema Holz bieten die Informations-Kästen, die über die folgenden Seiten verstreut sind. Lassen Sie sich überraschen!

 **Wissen** Ein Zoll Holz ist als Wärmedämmung fünfzehn Mal so wirksam wie ein Zoll Beton.

 Couchtisch, Seite 77

HAND ANLEGEN

Palettenholz „ernten" – aber richtig

Palettenholz ist für wenig Geld oder überhaupt kostenlos zu haben (z. B. bei Baumärkten, Lagerhäusern etc. oder beim Sperrmüll) – das allein macht es schon interessant. Jedoch: Palette ist nicht gleich Palette. Nicht alle Paletten sind für Ihr Projekt geeignet. Die folgenden Tipps und Tricks helfen Ihnen, zu geeignetem Holz zu kommen.

Um Erlaubnis fragen

Die goldene Regel für Paletten-Sammler lautet: **Fragen Sie immer um Erlaubnis.** Bei vielen Firmen, bei denen Paletten zum Einsatz kommen, werden diese mehrmals wiederverwendet, recycelt oder vom Lieferanten gegen Geld zurückgenommen.

Bevor Sie sich bedienen, denken Sie daran, dass Ihre Sammelaktion auch als Diebstahl beurteilt werden könnte, wenn Sie keine Erlaubnis eingeholt haben. Fragen kostet nichts. Viele Firmen werden dankbar sein, wenn Sie ihnen das Palettenholz abnehmen.

VORSICHT, BAKTERIEN!

Auch wenn eine Palette bei der Herstellung sauber, trocken und einwandfrei war, könnte sie zu einem späteren Zeitpunkt gefährlichen Bakterien ausgesetzt gewesen sein. Schrubben Sie das Holz mit Bleichmittel und Seifenwasser, spülen Sie es gut ab und lassen Sie es vollständig trocknen. Holz ist porös, Bakterien können auch ins Innere eindringen! Verwenden Sie Palettenholz nicht für lebensmittelrelevante Gegenstände, Kinderspielzeug oder Kindermöbel.

Wetten, dass dieser Stapel jede Menge schönes Holz enthält?

 Viele Firmen tragen durch die Wiederverwendung von Paletten zum Umweltschutz bei.

Welche Paletten sind unbedenklich, welche sind nicht zu empfehlen?

Die meisten Paletten sind unbedenklich, es gibt aber auch Ausnahmen. Manche Paletten sind zu irgendeinem Zeitpunkt mit schädlichen Chemikalien behandelt worden. Splitter von solchen Paletten können schwere Infektionen hervorrufen. Tragen Sie bei der Suche nach Palettenholz immer Handschuhe – und seien Sie wählerisch: Wenn Sie Zweifel haben, ob eine Palette verwendbar ist, lassen Sie sie liegen. Aber woran erkennt man das?

Ich will keine unnötigen Ängste schüren, sondern informieren. Verlassen Sie sich auf Ihren gesunden Menschenverstand! Nicht empfehlenswert sind Paletten, die

- ungewöhnlich schwer,
- nass oder
- fettig (ölig) sind,
- Flecken haben,
- unangenehm riechen,
- zu viele verbogene Nägel aufweisen oder
- aus anderen Gründen wenig ansprechend wirken.

Viele Paletten tragen den Aufdruck „HT" (heat treated – hitzebehandelt). Das ist ein gutes Zeichen – es bedeutet, dass die Palette im Ofen getrocknet wurde, um ihr die Feuchtigkeit zu entziehen, die ansonsten zu einem Problem werden kann. Eine feuchte Palette ist schwer zu verarbeiten und könnte außerdem von Bakterien befallen sein – also verzichten Sie darauf.

Bei manchen Paletten ist eine Telefonnummer oder eine Website aufgedruckt – dort kann man sich über die Herkunft der Palette informieren. Der Aufdruck ist jedoch an sich schon ein Hinweis darauf, dass die Palette sorgfältig hergestellt wurde. Eine solche Palette ist eine gute Wahl für Ihr Projekt, wenn sie auch die anderen Voraussetzungen erfüllt (sauber, trocken, in gutem Zustand usw.).

Aufdruck	Bedeutung
HT	hitzebehandelt (heat treated)
KD	ofengetrocknet (kiln dried)
MB	mit Methylbromid behandelt
DB	entrindet (debarked)
S-P-F	teilweise aus Fichten-, Kiefern- od. Tannenholz (Spruce-Pine-Fir)
EUR	Palette nach europäischer Norm
OEBB	Palette im Eigentum der österr. Bundesbahnen (eigenes Maß)
MAW	Palette im Eigentum der ungarischen Bahn
FI	Palette im Eigentum der italienischen Bahn
DBB	Palette im Eigentum der deutschen Bahn
EPAL	Gütezeichen; international tauschfähig u. sicher

Der Aufdruck bedeutet, dass die Palette ofengetrocknet (= hitzebehandelt) ist und teilweise aus Fichten-, Kiefern- oder Tannenholz besteht. Diese Palette landete auf meinem Stapel mit „verwendbarem" Holz.

Herkunftsbezeichnungen sind oft ein Indiz dafür, dass die Herstellerfirma alles getan hat, um die Unbedenklichkeit der Paletten zu gewährleisten. Nähere Informationen erhalten Sie unter der aufgedruckten Telefonnummer oder auf der angegebenen Website (hier: EPAL Pallet-System). Der IPPC-Stempel (IPPC ist eine Norm für den Import von Holzverpackungen) weist auf ein Behandlungsverfahren zur Verhinderung der Einschleppung von Holzschädlingen hin. Er gibt das Behandlungsverfahren, das Herkunftsland sowie eine Registriernummer des jeweiligen Betriebes an.

Ist die Palette für Ihr Projekt geeignet?

Beim Arbeiten mit Paletten muss man methodisch vorgehen – ein guter Ausgangspunkt ist die Suche nach Material für ein konkretes Projekt. Die erste Frage lautet immer: Lohnt es sich, dass ich diese Palette genauer unter die Lupe nehme, oder soll ich zur nächsten übergehen? Wenn die Palette vielversprechend aussieht, müssen Sie zunächst folgende Fragen beantworten:

- Ist sie unbedenklich?
- Enthält sie besonders interessante Bretter (Holzart, Aussehen, Maße)?
- Wie viel verwendbares Holz enthält sie?
- Wie leicht lässt sie sich zerlegen? (Aus Weichholzbrettern lassen sich z. B. die Nägel leichter entfernen als aus Hartholzbrettern. Mit etwas Übung sehen Sie den Unterschied auf einen Blick.)

Die Antworten auf diese Fragen entscheiden in ihrer Gesamtheit darüber, ob die Palette den Aufwand lohnt oder nicht. Manchmal nehme ich von einer Palette nur ein Brett, denn ich kann meine Zeit und meine Kräfte nicht unbegrenzt auf Arbeiten verschwenden, die nur einen geringen Ertrag bringen. Optimales Recycling mag anders aussehen, aber eine teilweise Wiederverwertung ist bestimmt besser als gar keine! In anderen Fällen wiederum kann ich sehr wohl die ganze Palette verwerten.

Beim Zerlegen der Paletten lohnt es sich, durchdacht vorzugehen. Nehmen Sie sich kurz Zeit und überlegen Sie, welche Teile der Palette Ihnen am wichtigsten sind. Vielleicht können Sie nicht die gesamte Palette brauchen, weil das Holz teilweise beschädigt ist, weil es ungewöhnliche Maße hat oder an einigen Stellen zu viele Nägel aufweist.

Standardgrößen

Holzpaletten gibt es in allen möglichen Größen und Formen. In verschiedenen Weltgegenden gibt es auch verschiedene Standardgrößen für Paletten. In Europa sind Formate wie 1200 x 1000 mm, 800 x 1200 mm und 600 x 400 mm am häufigsten anzutreffen. In Nordamerika sind die Maße 1200 x 1200 mm, 1200 x 500 mm und 900 x 900 mm am gebräuchlichsten. Glücklicherweise kommt es nicht so sehr auf die Maße der Palette an, solange Sie Bretter in verwendbaren Größen daraus gewinnen können. Nur für ein Projekt in diesem Buch (siehe Seite 85) ist eine ganze, intakte Palette erforderlich. Das Material für alle anderen Projekte erhalten Sie, indem Sie Paletten zerlegen und die Bretter zurechtschneiden.

Umgang mit Nägeln

Paletten werden meist von Nägeln zusammengehalten, weil diese Art der Befestigung bei geringem technischem Aufwand starken Halt gibt. Dabei handelt es sich oft um Spiralnägel. Die Spiralform bewirkt eine höhere Ausreißfestigkeit. Beim Zerlegen der Palette stellen Spiralnägel ein besonderes Problem dar. Wenn es nicht zu zeitaufwendig ist, entferne ich die Nägel mit einem Stemmeisen oder einem ähnlichen Werkzeug. Ist das nicht möglich, so lasse ich die Nägel im Holz. Dies bedeutet meist, dass die betroffene Partie abgeschnitten wird. Dadurch erhält man ein kürzeres, aber immer noch verwendbares Brett.

Wenn ich ein bestimmtes Stück Holz unbedingt erhalten will, obwohl sich die Nägel nicht entfernen lassen, trenne ich die vorstehenden Nägel mit einem Rotationsschleifer, einem Winkelschleifer oder einer Beißzange ab. Dann schleife ich das Holz mit einem Bandschleifer ab, um sicherzugehen, dass die Nägel bündig mit der Oberfläche abschließen. Durch dieses Verfahren entsteht ein reizvoller optischer Effekt: die glänzenden Nägel bleiben sichtbar und erinnern an die bisherige Verwendung des Holzes.

Mit der Zeit werden Sie lernen, die „inneren Werte" einer Palette zu erkennen. Manchmal findet man Paletten aus besonders schönen Brettern, bei denen die Nägel kaum zu entfernen sind. In so einem Fall ist es

Spiralnägel stellen beim Zerlegen der Palette ein Problem dar.

Ein Schneidgerät mit einer Trennscheibe schneidet die Nägel bündig ab.

am besten, möglichst große „nagelfreie" Stücke herauszuschneiden. Sie würden sich vielleicht längere Bretter wünschen, dafür können die kürzeren Stücke problemlos bearbeitet werden. Wenn Sie längere Bretter brauchen, suchen Sie nach einer anderen Palette und heben Sie die kürzeren Bretter für eine spätere Gelegenheit auf. Vielleicht können Sie sogar das ursprüngliche Projekt so abändern, dass Sie die kürzeren Bretter doch verwenden können.Manchmal sind die Nägel nicht das einzige Problem: In

Gewusst wie: Mit diesen Geräten und ein bisschen Geschick werden Paletten zu wertvollem Möbelholz.

Mit diesem Kunstgriff kommt man oft besser zum Ziel als mit einem Stemmeisen. Zu meiner Grundausstattung gehören deshalb zwei Hämmer.

den Bereichen, wo Nägel eingeschlagen waren, besonders an den Enden der Bretter, bekommt das Holz leicht Sprünge. In solchen Fällen schneide ich meist die Enden ab, um ein unversehrtes Stück Holz zu erhalten. Wenn Sie unbedingt ein längeres Brett brauchen, versuchen Sie, etwas Leim in den Sprung einzuführen und das Brett mit Zwingen zusammenzudrücken. Diese Methode funktioniert nicht immer, ist aber einen Versuch wert. Der Aufwand ist nicht groß,

und es ist nicht viel verloren, wenn es nicht funktioniert.

Zum Glück finden sich Nägel in Paletten meist genau an den Stellen, wo man sie erwartet. Die Hersteller haben keinen Grund, Nägel aufs Geratewohl zu platzieren. Wenn Sie die Nägel von allen logischen Stellen entfernt haben, können Sie das Brett ohne Sorge durch eine Hobelmaschine laufen lassen oder mit einer Kreissäge bearbeiten.

Arbeiten Sie auf dem Boden, auf einer Werkbank oder sonstwo, je nachdem, wie es Ihnen leichter fällt, und wechseln Sie gegebenenfalls von einem „Arbeitsplatz" zum anderen. Das Herausziehen von Nägeln gelingt auf einer Werkbank meist leichter, während sich für gröbere Arbeiten wie das Zerlegen der Palette der Fußboden besser eignet. Sie werden sehr schnell ein Gefühl dafür entwickeln.

„Fehler" haben Charme

Kleine Unvollkommenheiten wie Nagellöcher, Flecken sowie die charakteristische Struktur, die durch die grobe Oberflächenbearbeitung entsteht, haben einen eigenen Reiz.

Aus grob gesägtem Holz hochwertig wirkende Möbel zu bauen, erfordert einiges Geschick, ist aber durchaus möglich. Es hat aber durchaus auch etwas für sich, die „Fehler" des Materials zu akzeptieren und sie sich zunutze zu machen, statt ihnen entgegenzuwirken. Wenn Sie mit etwas rauen Brettern arbeiten, können Sie auf ein möglichst naturnahes Erscheinungsbild hinarbeiten. Bei der Gestaltung von Möbeln aus Paletten wird der Ursprung des Materials oft in den Entwurf einbezogen und sogar betont statt versteckt. Der Stuhl in diesem Buch (Seite 71) verbindet klare, zeitgemäße Linien mit naturnahen, wettergegerbten Holzoberflächen.

Jedes Material hat Einschränkungen, und nach einer verbreiteten Meinung ist jeder Entwurf der Versuch, mit den Materialeinschränkungen zu arbeiten und bei vertretbaren Kosten das bestmögliche Ergebnis zu erzielen. Bei der Arbeit mit Paletten lässt man sich in einer ganz besonderen Weise auf das Material ein, denn jede Palette ist anders.

Solche Sprünge an den Enden von Brettern kommen bei Palettenholz häufig vor. In diesem Fall habe ich den gesprungenen Teil einfach abgeschnitten. Das restliche Brett war zum Weiterverwenden lang genug.

Platane (Sycamore), eines meiner Lieblingshölzer, wird wegen seiner schönen, gesprenkelten Maserung sehr geschätzt. Kaum zu glauben, dass diese beiden Bretter von einer weggeworfenen Palette stammen!

Wissen Hitzebehandelte Paletten müssen mit dem Aufdruck „HT" gekennzeichnet sein.

Wichtige Werkzeuge

Palettenholz ist ein schlichtes Material und kann mit ganz einfachen Werkzeugen bearbeitet werden. Für manche Projekte brauchen Sie nur Handwerkzeuge – mit einer scharfen Handsäge lässt sich eine Palette überraschend schnell durchschneiden, und ein ganz normaler Hammer und Nägel genügen, um eine haltbare Holzverbindung zu zimmern. Vielleicht ist das gerade das Richtige für Sie, falls Sie gerade dabei sind, das Tischlern als Hobby zu entdecken. Nach und nach werden Sie sich weitere Werkzeuge zulegen (achten Sie auf die Sonderangebote in der entsprechenden Fachwerbung!) und sich auch das notwendige Wissen für den sicheren Umgang mit ihnen aneignen. Im Folgenden erhalten Sie grundlegende Informationen zu einigen Werkzeugen, die Sie beim Arbeiten mit Holzpaletten brauchen können.

Handwerkzeuge

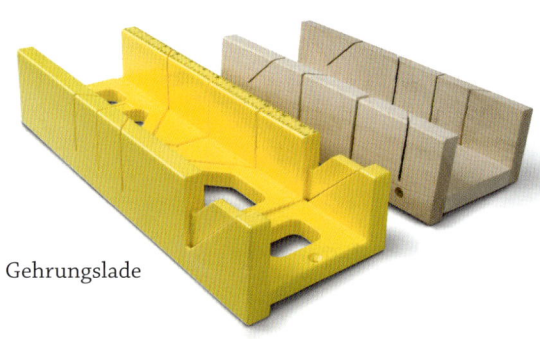
Gehrungslade

Laubsäge

Die folgende Grundausstattung brauchen Sie zum Schneiden von Palettenholz.

Fuchsschwanz: Wenn Sie diese einfache Handsäge scharf halten, können Sie die Paletten ohne Schwierigkeiten auf die richtige Größe zuschneiden.

Gehrungslade: Dieses Gerät brauchen Sie zum Sägen exakter Winkel, zum Beispiel an den Ecken einer Holzkassette.

Laubsäge: Für Kurven und andere nichtlineare Schnitte – und wenn Sie dem Werkstück eine etwas ausgefallenere Form geben wollen.

Dozuki-Säge: Die Zähne dieser Säge sind nicht geschränkt, das heißt, sie befinden sich in einer Ebene mit dem Sägeblatt. Die Säge ist daher besonders gut geeignet, um ein Stück Holz bündig mit einer Oberfläche abzuschneiden.

Wissen Mit der Sterilisierung durch Hitzeeinwirkung kann man die Verbreitung von Insekten durch Holzpaletten am besten verhindern.

Schleifgeräte

Durch das Schleifen mit diesen Geräten wird die raue Holzoberfläche geglättet und veredelt.

Bandschleifer: Bei vielen Bandschleifern kann man den An- und Ausschalter in der „An"-Position fixieren. Überprüfen Sie daher, ob der Bandschleifer abgeschaltet ist, bevor Sie ihn an die Stromquelle anschließen! Wenn er sich selbständig macht, kann er großen Schaden anrichten oder gar jemanden verletzen. (Es gibt allerdings Enthusiasten, die unter kontrollierten Bedingungen Bandschleiferrennen veranstalten und damit auf reges Interesse stoßen.)

Exzenterschleifer: Mit diesem Gerät kann man die Bretter schnell abschleifen, es hinterlässt jedoch manchmal Wirbel in der Oberfläche, die mit feinkörnigem Schleifpapier entfernt werden müssen.

Feinschleifer: Nehmen Sie 180-körniges Schleifpapier (oder eine feinere Körnung) und geben Sie dem Werkstück mit diesem Gerät den letzten Schliff. Die so vorbereitete Oberfläche kann gebeizt, lackiert oder gestrichen werden.

Hier findet unter kontrollierten Bedingungen ein Bandschleiferrennen statt. Aber Vorsicht: Ein Bandschleifer, der sich in Ihrer Werkstatt selbständig macht, kann großen Schaden anrichten.

Ein Exzenter- und ein Schwingschleifer

RICHTIG SCHLEIFEN

Um die Werkstücke professionell abzuschleifen, wechseln Sie das Schleifpapier bei Ihren automatischen Schleifgeräten sofort, wenn Sie merken, dass es länger als gewohnt dauert, bis der gewünschte Effekt eintritt. Wenn Sie befürchten, zu viel Schleifpapier zu verschwenden, heben Sie das alte Schleifpapier auf und benutzen Sie es, wenn Sie eine feinere Körnung brauchen. Ein abgenutztes Stück 100-körniges Schleifpapier kann ein neues Stück 180-körniges Papier durchaus ersetzen.

Elektrische Handsägen (Handsägemaschinen)

Bei manchen Projekten brauchen Sie eine elektrische Säge. Hier eine Auswahl.

Handkreissäge: Um mit einem Handgerät gerade Schnitte in verschiedenen Materialien auszuführen, verwende ich diese Säge.

Stichsäge: Wenn ich mich auf ein Gerät beschränken müsste, würde ich eine hochwertige Stichsäge wählen. Sie ermöglicht präzise Kurvenschnitte und bewältigt auch dicke Bretter. Neuere Modelle sind oft leistungsstärker und schneiden präziser als ältere.

Säbelsäge: Dieses Gerät ist zum Zerlegen von Paletten besonders geeignet. Mit dem richtigen Sägeblatt können Sie auch Nägel durchtrennen.

Handkreissäge

Stichsäge

Wissen Hitzebehandelte Paletten sind weniger belastbar als unbehandelte.

Große Holzbearbeitungsmaschinen

Mit diesen Maschinen geht die Arbeit viel schneller vonstatten, manchmal eröffnen sie ganz neue, ungeahnte Möglichkeiten. Auch wenn Sie nicht die Möglichkeit oder die Absicht haben, sich eine Werkstatt mit solchen Geräten zuzulegen, findet sich vielleicht eine Werkstatt in Ihrer Nähe (z. B. in einer Institution für Erwachsenenbildung), wo Sie bestimmte Arbeiten durchführen lassen können.

Dickenhobelmaschine: Bei diesem Gerät sind mehrere scharfe Messer auf einer rotierenden Messerwelle angeordnet. Durch Verstellen des Maschinentisches können Sie das Brett auf fast jede gewünschte Dicke hobeln.

Abrichthobelmaschine: Mit dieser Maschine erhält das Brett glatte Flächen und Kanten. Wenn zwei Bretter an den Kanten „abgerichtet" worden sind, können Sie sie mit einer fast unsichtbaren Fuge zusammenleimen.

Tischkreissäge: Die Tischkreissäge ist wegen ihrer Vielseitigkeit meist das wichtigste Gerät in der Werkstatt eines Hobbytischlers. Falls Sie wenig Platz oder wenig Geldmittel zur Verfügung haben – eine einfache Tischkreissäge gibt es neu bereits ab 150 Euro zu kaufen. Bei Bedarf kann sie auch im Freien aufgestellt werden.

Standbohrmaschine: Sie ist eine nützliche Ergänzung Ihrer Ausrüstung, obwohl sie für die meisten Projekte nicht unbedingt benötigt wird. Wenn Sie sich einmal daran gewöhnt haben, werden Sie sich fragen, wie Sie je ohne dieses Gerät zurechtgekommen sind.

Bandsäge: Mit diesem fabelhaften Gerät können Sie mühelos und freihändig nichtlineare Schnitte in Holz und Metall ausführen. Deshalb ist die Bandsäge eine gute Ergänzung zur Tischkreissäge, die für gerade Schnitte besonders geeignet ist.

Verstellbare Gehrungssäge: Diese Säge ist ideal geeignet, um Hölzer auf die richtige Länge und im richtigen Winkel zuzuschneiden.

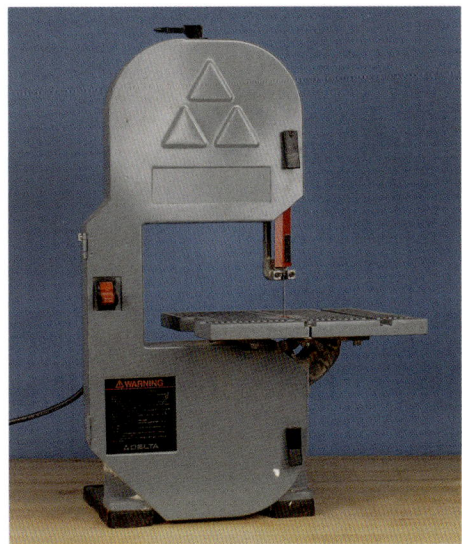

Bandsäge

PALETTEN-ALLERLEI
Vielfältige Einsatzmöglichkeiten

Erkunden Sie die unendlichen Weiten der Palettenwelt. Fast alles ist möglich! Hier einige Anregungen.

© Jonas Merian / Jonas' Design, *www.jonasdesign.net*

HOCKER

Eine großzügige Loftwohnung, Schauplatz geselliger Runden in gemütlicher Atmosphäre – dafür sind diese genialen, bequemen Sitzmöbel wie geschaffen. Die gepolsterten Hocker lassen sich ganz spontan dorthin bewegen, wo sie gerade gebraucht werden. Zwei solche Hocker können Sie sogar zu einem improvisierten Gästebett zusammenschieben.

© Jonas Merian / Jonas' Design, www.jonasdesign.net

SITZBANK

Die Proportionen dieser niedrigen, langgestreckten Bänke
haben es mir besonders angetan, ebenso wie der spannungs-
reiche Kontrast zwischen dem warmen Holzton des Gestells
und der verwitterten Optik der Sitzfläche.

NACHHALTIGKEIT IM BÜRO

Paletten, effektvoll in Szene gesetzt: Im Büro der Firma BrandBase in Amsterdam wurden nicht nur die Möbel, sondern sogar die Treppen aus diesem wandlungsfähigen Material gestaltet.

© Rogier Jaarsma, *www.rogierjaarsma.nl*

VERKAUFSPODESTE

Ein Recycling-Kreislauf der neuen Art: Die Verkaufspodeste in dieser Baumschule sind aus den Paletten hergestellt, auf denen die Waren transportiert wurden.

Besonders praktisch: Die Größe und Form der Podeste variiert je nach Bedarf.

© Leonora Enking

 **Wissen** Die gute Nachricht zum Thema Nachhaltigkeit: Holzpaletten bestehen aus einem nachwachsenden Rohstoff, man kann sie wiederverwenden, reparieren und recyceln!

© Trevor Elliott / Magnetic Grain, *www.magneticgrain.com*

GARTENSITZGRUPPE

Diese Sitzgruppe aus drei zueinander passenden Einzelmöbeln zeigt eindrucksvoll, wie sorgfältig bearbeitetes Palettenholz eine moderne Formensprache ermöglicht.

ROLLTISCH/ ROLLPODEST

Mit wenig Aufwand gerät viel in Bewegung: Schrauben Sie vier große Gleitrollen (ca. 100 mm Durchmesser) unten an einer Palette an – und schon haben Sie einen niedrigen Tisch, der sich leicht in alle Richtungen rollen lässt. Das Möbelstück aus unbehandeltem, wettergegerbtem Holz ist für den Einsatz im Freien genau das Richtige. Auch zum Transportieren von Gerätschaften bei der Gartenarbeit kann das Podest gute Dienste leisten.

© eren {sea+prairie}

© Mom and Her Drill, www.momandherdrill.blogspot.com

WANDVERKLEIDUNG

Selbst ist die Frau: Aus fünfundzwanzig Paletten, die an ihrem Arbeitsplatz nicht mehr gebraucht wurden, zimmerte eine begeisterte Heimwerkerin diese Verkleidung für die Stirnwand ihres Wohnzimmers. Zur Befestigung der Bretter verwendete sie Montagekleber und eine Nagelpistole. Dann montierte sie den Flachbildschirm an eine Halterung. Die Bretter sind völlig unbehandelt, weder gebeizt noch lackiert.

© David Grant / Crate & Pallet, *www.crateandpallet.blogspot.com*

TRUHE

Die frisch-fröhliche Farbe auf den deutlich erkenn-
baren Palettenbrettern macht den besonderen Reiz
dieser Truhe aus. Der schöne Holzton der unbehan-
delten Oberfläche im Inneren bildet einen stimmi-
gen Kontrast zu dem farbkräftigen Außenanstrich.

© David Grant / Crate & Pallet,
www.crateandpallet.blogspot.com

© David Grant / Crate & Pallet,
www.crateandpallet.blogspot.com

Diese Truhe hat genau die richtige Größe, um als Couchtisch eingesetzt zu werden. An der vorderen Ecke sieht
man, wie sorgfältig die Latten für die Wände der Truhe in
die Nuten eingepasst wurden.

SERVIERBRETT

Beim Grillen oder beim Kaffeeplausch
im Garten leistet dieses Servierbrett
mit der angesagten Shabby-Chic-Optik
gute Dienste.

„BETTHAUPT" UND SPIEGELRAHMEN

Auch bei der eindrucksvollen Neugestaltung dieses Schlafzimmers kam Palettenholz zum Einsatz. Vor dem Zerlegen wurden die Paletten weiß gekalkt und abgeschliffen. Mit Hilfe eines Balkensuchers und einer Nagelpistole für Drahtstifte wurden dann die Bretter vom Boden bis zur Decke direkt an die Wand montiert – große Wirkung, kleiner Preis! Der Spiegel über dem Kamin ist ein alter Frisierspiegel, an dessen Rahmen Palettenbretter mit Nägeln und Leim befestigt wurden.

Wissen   Paletten gehören in den USA zu den am häufigsten recycelten Produkten.

© Dustin and Whitney Barrington / The Rooster and the Hen, *www.TheRoosterAndTheHen.com*

© brennemans

PFLANZGEFÄSS

Eine Palette als Pflanzgefäß: Dieser originelle Frühlingsgruß erinnert daran, dass das Schöne oft auch dort zu finden ist, wo man es nicht unbedingt erwartet.

© ann-dabney

INFO-SCHILD

Hier dient eine Palette als Info-Schild für nachhaltige Produkte. Wie heißt es doch so schön: Das Medium ist die Botschaft!

© Stacy K. Ercan / Stacy K Floral, Rochester, New York, *www.stacykfloral.com*.
© Danielle Wieland

„HÄNGENDE GÄRTEN"

So viel Kreativität auf kleinem Raum! Das Material zu diesem vertikalen Garten steht in fast jedem Betrieb zur Verfügung – Paletten, Sackleinen und Sprühfarbe.

KUNST-WERK

Um einen Hauch von stimmungsvoller Eleganz in Ihre vier Wände zu zaubern, brauchen Sie nicht viel auszugeben: Hier wurde zuerst die Palette weiß gestrichen und das goldene Herz aufgemalt, dann die Oberfläche abgeschliffen und mit Beize behandelt. Zuletzt wurde auch die Beize entfernt – so entstand ein fein patinierter Look.

WEINREGAL

Die dunkle Beize gibt dem Weinregal aus Palettenholz das gewisse vornehme Etwas, das zu den edlen Tropfen passt. Der Entwurf kann durch geringfügige Änderungen auf einen anderen Zweck abgestimmt werden.

© Nathan and Katie Streu / If I Weren't So Lazy …, *www.ifiwerentsolazy.blogspot.com*

RAUMTEILER

Eine Zwischenwand aus Paletten gliedert diesen großen Raum in übersichtliche, behagliche Bereiche. Die Paletten wurden in einem nahen Warenhaus um einen Dollar pro Stück gekauft. Der Raumteiler bietet Platz für Bilder, Fotos oder Ampelpflanzen. Die Latten können sichtbar bleiben oder mit einer dünnen Sperrholzplatte und einer Tapete verdeckt werden.

© Amanda Carver / Amanda Carver Designs, *www.amandacarverdesigns.com*

WANDREGAL

Dieses Regal wurde mit einer Halterung direkt an der Wand befestigt. Die interessante Patinierung gibt ihm einen besonderen Reiz.

HOCHBEETE

In diesen Hochbeeten aus Palettenbrettern können Sie Ihr eigenes Ge-
müse anbauen. Der Maschendraht hält Vögel und anderes Getier fern.

Wissen   Jedes Jahr werden mehr als 150 Millionen Paletten repariert oder recycelt.

© Laura Distin / The Ironstone Nest, *www.theironstonenest.com*

GARTENBANK

Zu der flippigen Rückenlehne passen die fein aufeinander abgestimmten Farben der Kissen erstaunlich gut.

© Sheryl Salisbury / Sheryl Salisbury Photography,
www.sherylsalisburyphotography.com

SCHAUKEL

Der Eingangsbereich unter dem Vordach wirkt durch die Schaukel besonders einladend. Aber auch an einem Baum oder an der Zimmerdecke lässt sie sich anbringen.

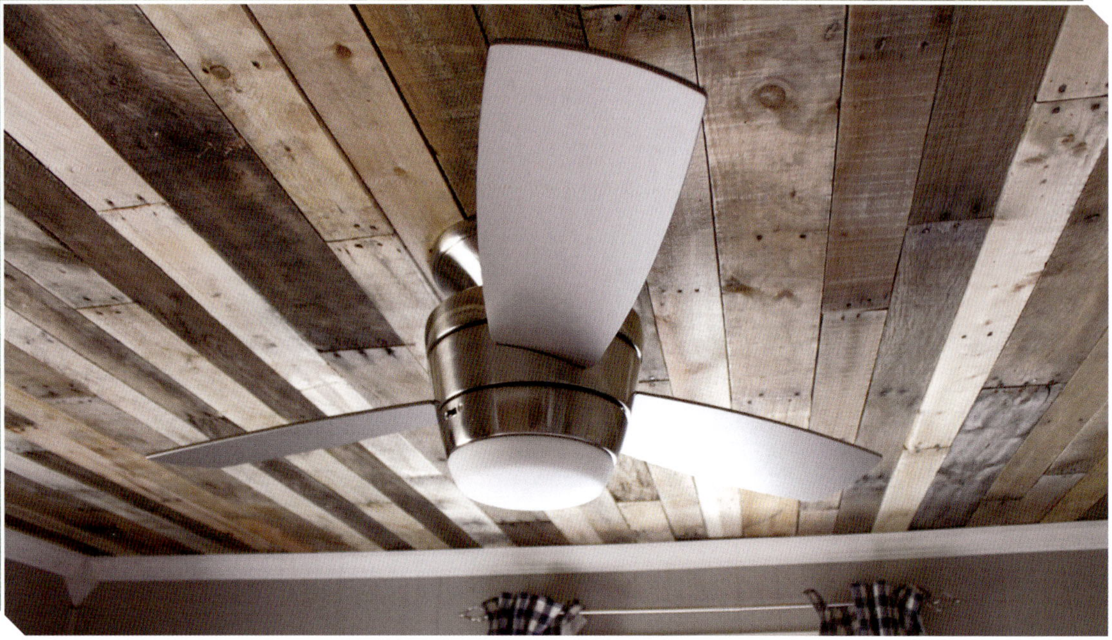

© Kat Hertzler / Maple Leaves & Sycamore Trees, *www.mapleleavessycamoretrees.com*

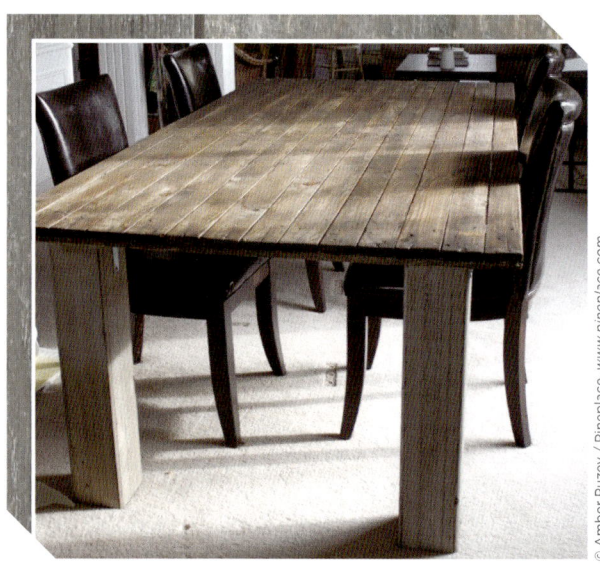

HOLZVERKLEIDUNG AN DER ZIMMERDECKE

Die Holzverschalung besticht durch die spannende optische Wechselwirkung zwischen hellen und dunklen Brettern.

© Amber Puzey / Pineplace, *www.pineplace.com*

ESSTISCH

Auch dieser robuste, urig-ländliche Tisch entstand aus Holzpaletten.

WIEGE

Eine Wiege wie ein Kinderlied, entworfen von einem Elternpaar für die gemeinsame Tochter. Gehen Sie besonders sorgfältig vor, wenn Sie Palettenholz für Kindermöbel auswählen. Was die Unbedenklichkeit und Sauberkeit betrifft, muss es über jeden Zweifel erhaben sein. Reinigen Sie es vor der Verarbeitung besonders gründlich.

© Amber Puzey / Pineplace, *www.pineplace.com*

BETTHAUPT MIT INDIVIDUELLEM DEKOR

Eine ganz persönliche Note erhält das Schlafzimmer durch ein selbst gebautes Betthaupt mit Namenszug und einem markanten Motiv nach eigener Wahl.

KINDERBETT

Zu diesem kunterbunten Ambiente passt ein kindgemäß-kreatives Bett. Durch die praktischen Laufrollen kann es auch seinen Standort wechseln.

© Lori Danelle Wilson / Lori Danelle, *www.loridanelle.com*

© Kierste Wade / Brown Paper Packages, *www.brownpaper--packages.com*

DOPPELBETT

Ob Sie es glauben oder nicht – auch dieses stilvolle Bett ist aus Palettenholz entstanden!

© Joanna Billigmeier / Waiting for Two, *www.craftynester.com*

COUCHTISCH-VARIATIONEN

Aus übereinandergestapelten Paletten entsteht im Nu ein Couchtisch. Mit Farbe, Lack oder Beize können Sie das neue Möbelstück an Ihre Einrichtung anpassen. Bei Bedarf schleifen Sie es ab und streichen Sie es in einer anderen Farbe.

Wissen Ein Jungwald produziert pro Tonne Holz eine Tonne Sauerstoff und absorbiert ebenso viel Kohlendioxid.

© Joanna Billigmeier / Waiting for Two, *www.craftynester.com*

EINFACHE
Wohnaccessoires

Wenn Sie mit Paletten arbeiten, gestalten Sie aus alten Brettern etwas Neues, ob es nun einen dekorativen oder funktionalen Zweck erfüllen soll. Das Holz behält dabei den unverwechselbaren Charakter, der Palettenbrettern eigen ist. Vielleicht wollen Sie auch Ihre Wohnumgebung neu gestalten? Aus Palettenholz können Sie eine Vielzahl an Wohnaccessoires anfertigen, die Ihren vier Wänden und Ihrem Alltag ein individuelles Gepräge geben.

In diesem Abschnitt werden solche Accessoires vorgestellt: Teelichthalter, die für eine wohnliche Atmosphäre sorgen, ein klassisch-schlichter Spiegel- oder Bilderrahmen, eine einfache Holzkassette zum Aufbewahren wichtiger Kleinigkeiten und eine Zeitschriftenbox. Aber das muss nicht alles sein. Wie wäre es mit einem Tablett für das Frühstücksgeschirr oder einer Halterung für Gläseruntersetzer? Statt ein neues Stück zu kaufen, überlegen Sie zuerst, ob Sie es nicht selbst machen können – aus Palettenholz!

Spiegel- oder Bilderrahmen, Seite 49

Teelichthalter

Harte Schale, weicher Kern

Wenn sich unsere Familie zum Abendessen zusammensetzt, werden meist ein paar Kerzen angezündet – auch an einem ganz normalen Werktag. Dieser Brauch erinnert uns daran, dass auch der Alltag seine feierlichen Momente haben kann. Als Kerzen verwenden wir Teelichter, die wir in einer Großpackung kaufen. Die Halterungen stellen wir selbst aus Restholz her. Die Teelichter sind preisgünstig, daher zünden wir immer dann eine Kerze an, wenn wir Lust haben – ob wir nun im Esszimmer beisammen sitzen oder bei warmem Wetter im Freien essen. Als kleine Geschenke eignen sich die Teelichthalter sehr gut; wir haben deshalb immer einige in Reserve. Man braucht schließlich nur ein paar Holzstücke und einen Bohrer dazu!

Ich verwende zu diesem Zweck meist einen 38-mm-Flachfräsbohrer. Das so entstandene Loch hat genau die richtige Größe – nur einmal haben wir Teelichter erwischt, die nicht richtig in diese Löcher hineinpassten. Seither wissen wir, dass doch nicht alle Teelichter gleich groß sind – also Augen auf beim Kauf!

Die Arbeitsanleitung für dieses Projekt ist ziemlich kurz, es folgen noch einige Hinweise, wie Sie die Teelichthalter individuell gestalten können. Ansonsten gilt: Erlaubt ist, was gefällt!

Die wichtigsten Arbeitsschritte

1 **Position der Löcher festlegen:** Bei einem Halter für mehrere Lichter platziere ich dazu das Teelicht auf dem Holz und markiere die Position.

2 **Löcher bohren:** Bohren Sie ein Loch für jedes Teelicht. Nach meiner Erfahrung ist eine Standbohrmaschine am besten geeignet, um senkrecht zur Holzoberfläche zu bohren. Unbedingt notwendig ist die Standbohrmaschine allerdings nicht.

3 **Einzelne Halter herstellen:** Wenn Sie für jedes Teelicht einen eigenen Halter anfertigen möchten, zersägen Sie nun das Holzstück zu Quadraten oder Rechtecken, jeweils mit einem Bohrloch in der Mitte.

Wissen **Alte Paletten können zerkleinert und zu Späne (Hachschnitzel), Isolations- oder Baumaterial verarbeitet werden.**

Ausgestaltung

Sie können die Teelichthalter bemalen oder beizen, mit Brandmalerei oder Schnitzerei verzieren und, und, und ... Hier habe ich mit der Tischkreissäge eine Anzahl Kerben in den Rand gesägt, dann schwarze Beize aufgebracht und diese teilweise wieder abgeschliffen, um einen Patina-Effekt zu erzielen.

Mit einem stationären Bandschleifer können Sie die Ecken abrunden oder mit Facetten versehen. Silberne Sprühfarbe erzeugt eine täuschend echte Metalloptik. Wenn Sie die silberne Farbe teilweise wieder abschleifen und die Holzmaserung zum Vorschein kommt, wird die Illusion spielerisch aufgehoben.

Einzelne Teelichthalter können auf einem Brett oder einem anderen Gegenstand befestigt (links) oder stapelförmig übereinander montiert werden (rechts).

Spiegel- oder Bilderrahmen

Spieglein, Spieglein an der Wand ...

Wenn Sie den Rahmen für ein Bild oder einen Spiegel selbst herstellen, sparen Sie eine Menge Geld. Der Spiegel auf dem Bild misst 33 x 33 cm. Ich habe ihn mir in unserem Baumarkt aus einer übriggebliebenen Spiegelglasscheibe zuschneiden lassen, er kostete mich zwei Dollar. Das Palettenholz war kostenlos, ich musste ein bisschen Arbeit investieren – das Ergebnis: ein schöner gerahmter Spiegel – ein echtes Unikat – zu einem unschlagbaren Preis. Ein Bilderrahmen lässt sich ebenso herstellen. Bilderrahmen vom Fachmann sind meist sehr teuer, auch hier können Sie viel Geld sparen. Ein selbst gemachter Bilderrahmen ist auch ein schönes Geschenk.

Über die Anfertigung von Bilderrahmen könnte man ein eigenes Buch schreiben. Ich beschränke mich auf einige Arten von Bilderrahmen, ihre Herstellung und einige mögliche Ansätze für den Heimwerker.

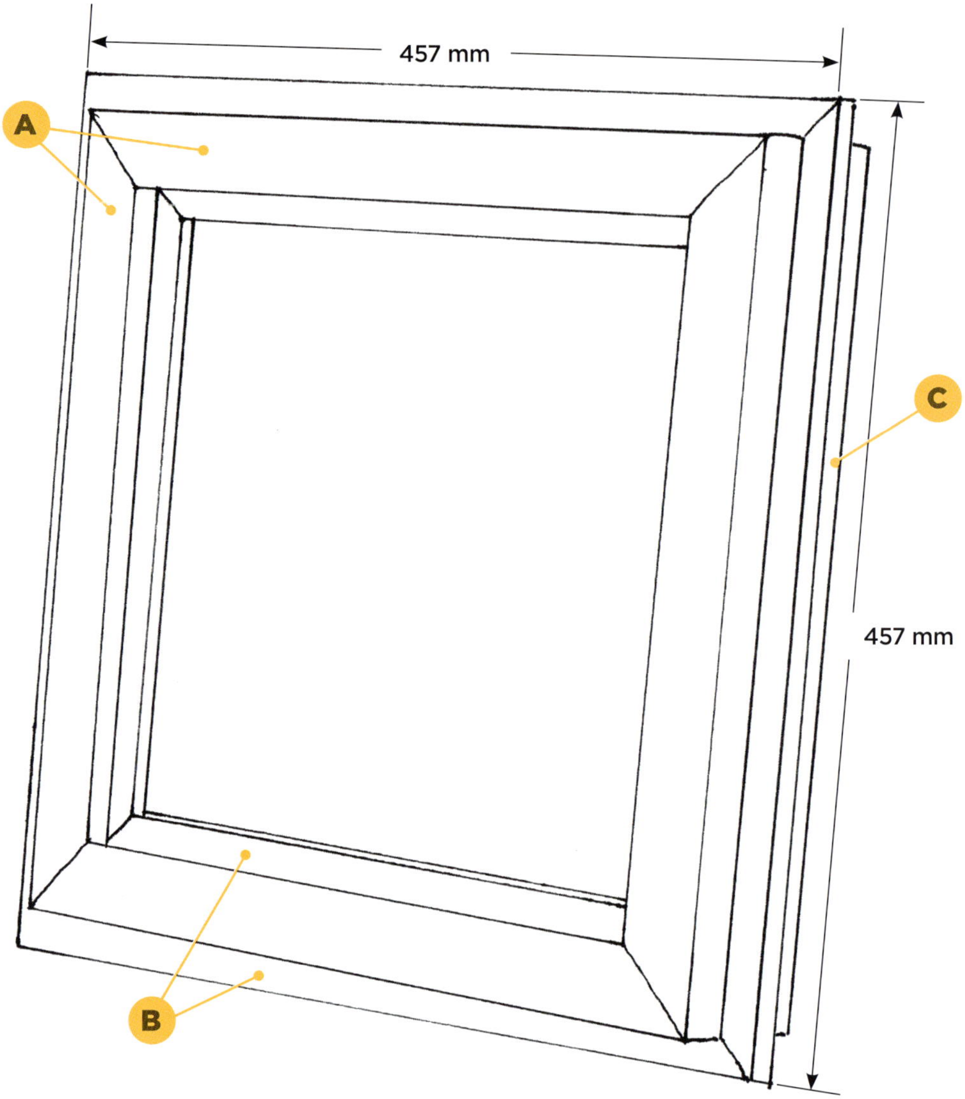

457 mm

A

C

457 mm

B

Rahmen – Materialliste[*]

	Teil	Anzahl	Material	Maße
A	Vordere Schicht	4	Bretter, 19 mm dick	32 x 457 mm
B	Mittlere Schicht	4	Bretter, 19 mm dick	57 x 457 mm
C	Hintere Schicht	4	Bretter, 19 mm dick	25 x 457 mm

*Alle Maße sind Ca.-Maße

Wissen **Bei Holzprodukten ist die Herstellung deutlich kostengünstiger als bei anderen Produkten.**

1 Holz auswählen: Zunächst muss eine ganze Menge Palettenholz „gesammelt" werden – besser zu viel als zu wenig! Achten Sie darauf, dass alle Bretter für das Projekt eine ausreichende Länge haben.

2 Zuschneiden: Ich zersägte das Holz zunächst der Länge nach, sodass ich Bretter in den drei aus der Materialliste ersichtlichen Breiten erhielt (25 mm, 32 mm, 57 mm). Dann ließ ich die Bretter zum „Vorhobeln" durch die Hobelmaschine laufen; nach dem Vorhobeln ist die Dicke der Bretter noch nicht ganz gleichmäßig und die Oberfläche noch nicht ganz eben, die Bretter haben aber ungefähr die richtigen Abmessungen. Eventuelle Abweichungen können durch Abschleifen bereinigt werden. Meine Bretter für dieses Projekt waren ungefähr 19 mm dick.

3 Zuschneiden: Ich zersägte das Holz zunächst der Länge nach, sodass ich Bretter in den drei aus der Materialliste ersichtlichen Breiten erhielt (25 mm, 32 mm, 57 mm). Dann ließ ich die Bretter zum „Vorhobeln" durch die Hobelmaschine laufen; nach dem Vorhobeln ist die Dicke der Bretter noch nicht ganz gleichmäßig und die Oberfläche noch nicht ganz eben, die Bretter haben aber ungefähr die richtigen Abmessungen. Eventuelle Abweichungen können durch Abschleifen bereinigt werden. Meine Bretter für dieses Projekt waren ungefähr 19 mm dick.

4 Das Profil gestalten: Nach einigem Experimentieren entschloss ich mich zu der abgebildeten Anordnung.

5

6

5 Die Rahmenleisten zusammenstellen: Jede Rahmenleiste entstand durch Übereinanderstapeln der einzelnen Schichten. Zwischen den Schichten wurde Leim aufgebracht; während der Leim trocknete, wurden die Schichten mit Nägeln zusammengehalten. Für jeden „Stapel" wurde an der Unterseite einer 57 mm breiten Leiste (B) eine 25 mm breite Leiste (C) und an der Oberseite eine 32 mm breite Leiste (A) angeleimt.

6 Ein Ende abschrägen: Schneiden Sie an allen vier Leisten an einem Ende eine präzise Gehrung. Mit einer Kapp- oder Gehrungssäge geht es am schnellsten. Sie können aber auch eine Handsäge und eine Gehrungslade verwenden.

 MASSE BERECHNEN

Dieses Projekt bin ich ganz entspannt angegangen. Die Maße der Materialien, die ich zur Verfügung hatte, bestimmten letztendlich die Abmessungen des fertigen Stücks. Sie wollen jedoch vielleicht einen Rahmen in einer bestimmten Größe bauen. Gehen Sie dabei von dem Falz an der Rückseite des Rahmens aus. Nehmen wir an, Sie wollen einen Spiegel mit den Maßen 279 x 356 mm einrahmen, und das Profil soll 51 mm breit sein. Die Leisten müssen dazu 406 x 483 mm messen. Wie komme ich zu diesen Zahlen? Multiplizieren Sie die Breite des Profils (51 mm) mit 2 und addieren Sie diesen Wert zu den Maßen des einzurahmenden Stückes. Dann rechnen Sie noch 25 mm als Reserve hinzu.

Wenn Sie an einem Ende jeder Leiste eine Gehrung geschnitten haben, messen Sie an zwei Leisten am Falz entlang 279 mm und an den beiden anderen 356 mm ab. Fügen Sie zum gewünschten endgültigen Maß 5 mm als Reserve hinzu, um Diskrepanzen bei den Maßen des Rahmens oder des zu rahmenden Gegenstandes auszugleichen. Nun können Sie die Gehrung am jeweils entgegengesetzten Ende der Leisten schneiden.

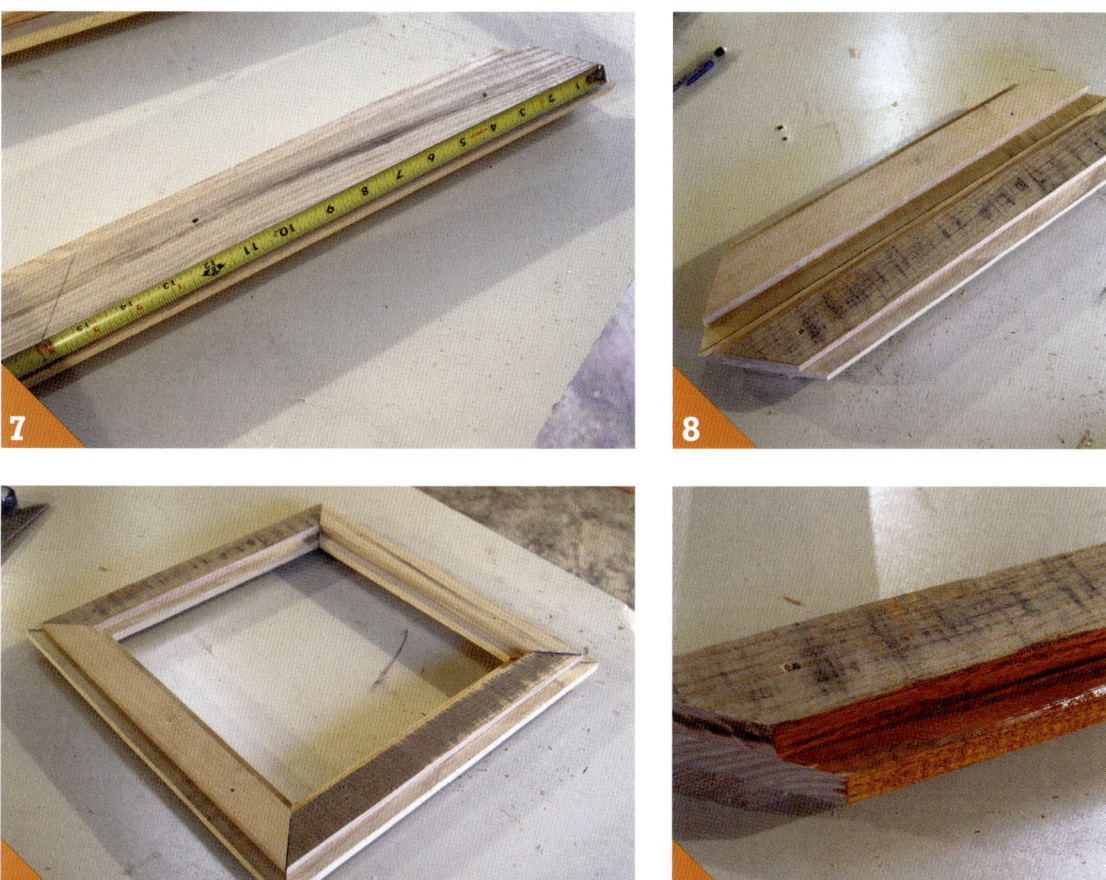

7 Das andere Ende einer Leiste abmessen und markieren: Um das andere Ende einer Rahmenleiste für den zweiten Gehrungsschnitt abzumessen, benützte ich ein Maßband (zur Berechnung der Maße siehe Kasten links).

8 Die markierte Leiste zuschneiden und als Schablone für eine zweite Leiste benützen: Bei den meisten Rahmen gibt es zwei gleich lange Leistenpaare. Um Fehler beim Abmessen zu vermeiden, wurden bei jedem Leistenpaar die Maße für die zweite Leiste direkt von der ersten abgenommen. Dann erfolgte der Gehrungsschnitt an der zweiten Leiste.

9 Fortschritt überprüfen: Das Bild zeigt alle vier fertig zugeschnittenen Leisten, bevor sie verleimt wurden. Falls erforderlich, ist jetzt noch Gelegenheit, die Gehrung zu korrigieren.

10 Schellack aufbringen: Als optischen Aufputz trug ich eine Schicht orangefarbigen Schellack an sämtlichen Außenkanten und am sichtbaren Teil der mittleren Schicht des Profils (B) auf. Vor dem Zusammenbau des Rahmens war das problemlos möglich.

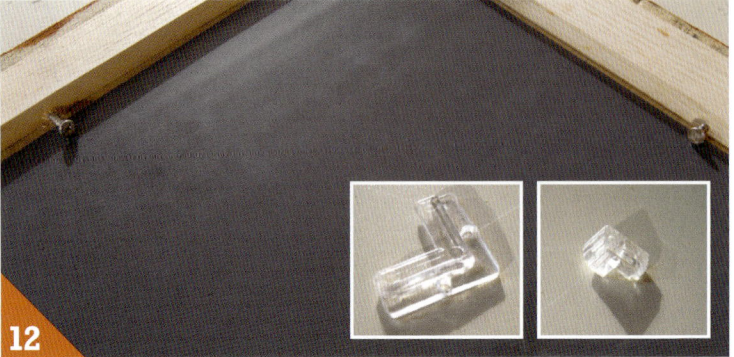

VORSICHT, SCHARF!

Wenn Sie keine besonderen Wünsche äußern, werden die Spiegelkanten im Geschäft unbehandelt gelassen und sind messerscharf. Um einen geringen Betrag können Sie die Kanten abschrägen oder abschleifen lassen, sodass Sie sie gefahrlos anfassen können. Der Baumarkt, bei dem ich meine Spiegelscheiben zuschneiden lasse, arbeitet zwar sehr preisgünstig, hat aber nicht die notwendigen Geräte, um die Kanten abzuschrägen. Also Vorsicht!

11 Den Rahmen zusammenstellen: Leim und Nägel geben den Eckverbindungen festen Halt.

12 Den Spiegel befestigen: Der Rahmen wurde verkehrt aufgelegt und der Spiegel von hinten eingefügt. Zur vorläufigen Befestigung brachte ich Schrauben an. Später kaufte ich mir in der Eisenhandlung Befestigungsteile aus Kunststoff als Ersatz für die Schrauben, weil diese Teile gefälliger aussehen. Ich entschied mich letztlich für den rechts abgebildeten Teil.

13 Aufhängung anbringen: Zur sicheren Anbringung des Spiegels ist Bilderdraht zu empfehlen. Er ist sehr belastbar und kann mit zwei kleinen Ösenschrauben am Rahmen befestigt werden.

Holzkassette

Gut aufgehoben

Die Grundlagen der Holzbearbeitung können zu einem großen Teil auf die Kunst der Herstellung von Holzkisten und -kassetten zurückgeführt werden. Auch ein Kleiderschrank ist im Grunde nur eine große Kiste mit einer aufwändigen Tür. Wegen ihrer grundlegenden Bedeutung wollte ich die Herstellung eines Kästchens in dieses Buch einbeziehen. Die Fertigkeiten, die Sie dabei lernen, werden Ihnen bei anderen Projekten von Nutzen sein. Und dazu erhalten Sie eine schöne Kassette, für die Sie sicher eine Verwendung finden, die sich aber auch als Geschenk gut eignet.

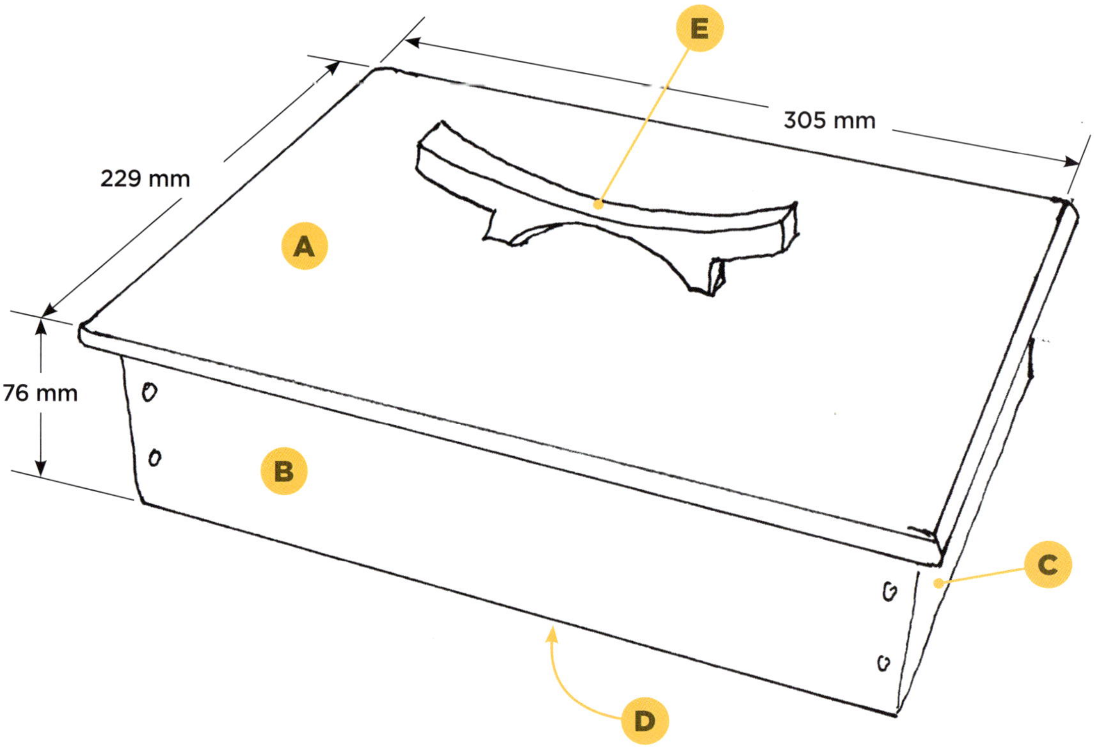

229 mm

305 mm

E

A

76 mm

B

C

D

Holzkassette – Materialliste*

	Teil	Anzahl	Material	Maße
A	Deckel	1	Holzbrett, 13 mm dick	229 x 305 mm
B	Längsseiten	2	Holzbretter, 19 mm dick	64 x 279 mm
C	Schmalseiten	2	Holzbretter, 19 mm dick	64 x 165 mm
D	Boden	1	Sperrholzbrett, 6 mm dick	203 x 279 mm
E	Griff	1	Holzbrett, 16 mm dick	38 x 152 mm

*Alle Maße sind Ca.-Maße

Wissen   In den USA gibt es heute mehr Bäume als vor etwa hundert Jahren.

1 **Material zusammentragen:** Diese vier Bretter wurden mit der Tischkreissäge auf die richtige Breite zugeschnitten und sind ungefähr gleich dick.

2 **Seitenwände (B und C) zuschneiden:** Auf dem Foto sind die Längs- und Schmalseiten (B und C) bereits auf die richtige Länge zugeschnitten und so angeordnet, wie sie nachher zusammengebaut werden. Die Frage, wie sich die Teile überlappen sollen, spielt bei Holzarbeiten oft eine wichtige Rolle. Hier besteht die Lösung darin, dass die Längsseiten (B) die Schmalseiten (C) überlappen und diese gleichzeitig einschließen.

3 **Seitenwände (B und C) abschleifen:** Die Flächen, die bei der fertigen Kassette freiliegen, wurden mit einem Bandschleifer so abgeschliffen, dass der ursprüngliche Charakter des Holzes nicht ganz verlorenging. Wie fein man die Oberfläche

abschleift, kommt auf den persönlichen Geschmack an.

4 **Seitenwände (B und C) zusammenleimen:** Die fertig abgeschliffenen Seitenwände wurden nun an den Ecken zusammengeleimt. Während des Trocknens wurde das ganze Werkstück mit Schraubzwingen fixiert.

5 Verstärkung der Eckverbindungen überlegen: Sie können die Eckverbindungen so lassen, wie sie sind, oder sie mit Nägeln oder mit Miller-Dübeln (Bild) verstärken. Miller-Dübel sind eine großartige Erfindung: billig, zweckmäßig und leicht anzubringen. Sie brauchen zwei Miller-Dübel für jede Eckverbindung und einen passenden Stufenbohrer.

6 Löcher markieren und bohren: An jeder Ecke meiner Kassette markierte und bohrte ich zwei sich verjüngende Löcher und füllte sie mit Leim.

7 Dübel einführen: Mit einem Holzhammer trieb ich die Dübel so weit wie möglich in die Löcher. Die überstehende Länge wurde später mit einer Handsäge bündig abgeschnitten (siehe Schritt 9).

8 Boden (D) befestigen: Ein 6 mm dickes, auf die richtige Größe zugeschnittenes Stück Sperrholz eignet sich am besten als Boden. Mit Hilfe von Leim und meiner Nagelpistole für Drahtstifte war es schnell angebracht. Der Boden kann entweder nur festgeleimt oder danach mit Nägeln, Schrauben oder Drahtstiften zusätzlich gesichert werden.

9 Dübel bündig abschneiden: Schneiden Sie nun die vorstehenden Teile der Miller-Dübel mit einer Handsäge bündig ab und schleifen Sie die Ecken leicht ab. Das Bild zeigt eine Ecke meiner Kassette nach diesem Arbeitsschritt. Das Nebeneinander von glatten und rauen Oberflächen ist beabsichtigt.

10 Deckel (A) zuschneiden: Ich wollte meine Kassette mit einem Deckel versehen, obwohl dies nicht unbedingt nötig ist. Ich leimte also drei Bretter zu einem Rohteil in der richtigen Größe zusammen. Man kann stattdessen auch ein größeres Stück Holz in die richtige Größe zuschneiden.

11 Inneres Deckelbrett befestigen: Nachdem der Leim getrocknet war, leimte ich ein kleineres Brett an der Unterseite des Deckels fest. Es verhindert, dass der Deckel auf der Kassette hin- und herrutscht. Vergewissern Sie sich, dass das kleinere Brett in die Kassette hineinpasst, bevor Sie es festleimen.

12 Kanten abrunden: Durch das Abrunden der oberen Kanten des Deckels entstand eine hochwertige Optik. Man nimmt dazu am besten eine Handfräse und einen Abrundfräser.

13 Griff (E) herstellen und anbringen: Griffe in verschiedenen Formen zu gestalten, macht mir besondere Freude, weil ich dabei meiner Kreativität freien Lauf lassen kann. Hier wurde der fertige Griff schwarz gebeizt und dann die Kanten mit Sandpapier abgeschliffen, bis die helle Holzfarbe wieder zu sehen war. Mit Superkleber wurde der Griff am Deckel angebracht. Wenn Sie bei der Holzbearbeitung noch Einsteiger sind, können Sie eine ganz einfache Möglichkeit wählen: Kleben Sie ein Holzstück am Deckel an, das groß genug ist, um daran den Deckel anzuheben.

Zeitschriftenbox

Sag mir, was du liest

Die Zeitschrift *Edible Wasatch*, in der es um regionale Küche und Esskultur geht, erscheint in meiner Heimatstadt Salt Lake City. Seit ihrer Gründung vor zwei Jahren lese ich sie regelmäßig. Vor kurzem erhielt mein Holzverarbeitungsbetrieb eine Anfrage von den Herausgebern. Sie wollten wissen, ob ich für die Verkaufsstellen, in denen die Zeitschrift angeboten wird, eine Anzahl von Ausstellboxen herstellen könnte. Eine der Vorgaben lautete, die Boxen müssten zu hundert Prozent aus Recyclingmaterial bestehen. Diese Bedingung war leicht zu erfüllen, da ich zu diesem Zeitpunkt mehr als genug Palettenholz zur Verfügung hatte. Die Abmessungen der Box richteten sich nach jenen der Zeitschrift. Dem Aussehen nach sind die Boxen alten Obststeigen nachempfunden, eine Idee, die den Auftraggebern gut gefiel. Nachdem ich einige solche Kisten angefertigt hatte, entschloss ich mich, den Herstellungsprozess in dieses Buch aufzunehmen. Er ist ein gutes Beispiel dafür, dass Palettenholz nicht nur für Accessoires im Wohnbereich eingesetzt werden kann. Sie können die Boxen für Zeitschriften, aber auch für eine Menge anderer Dinge verwenden.

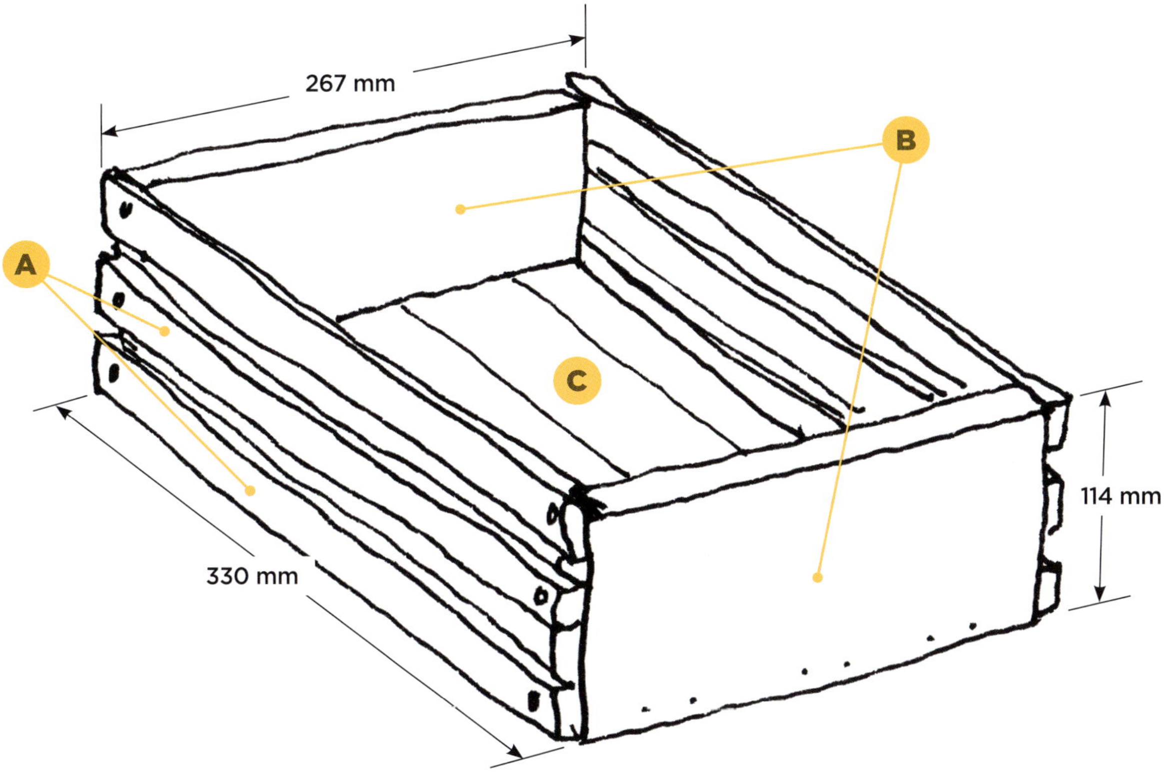

The diagram shows a box with measurements:
- 267 mm (top width)
- 330 mm (length/depth)
- 114 mm (height)
- Labels: A (side wall slats), B (front and back wall), C (bottom boards)

Zeitschriftenbox – Materialliste*

	Teil	Anzahl	Material	Maße
A	Latten für die Seitenwände	6	Bretter, 6 mm dick	29 x 330 mm
B	Vorder- und Rückwand	2	Bretter, 19 mm dick	114 x 254 mm
C	Bretter für den Boden	3	Bretter, 13 mm dick	64 x 292 mm

*Alle Maße sind Ca.-Maße

 **Wissen**   Paletten sind fast zur Gänze biologisch abbaubar. Es landen aber nicht einmal 3 % aller Paletten auf Mülldeponien.

1 **Vorder- und Rückwand (B) zuschneiden:** Ich begann mit dem Zuschneiden der Platten für die Vorder- bzw. Rückwände, weil dies die Hauptarbeit bei dem Projekt war. Allerdings wollte ich 45 Boxen bauen – Sie brauchen wahrscheinlich keinen so großen Stapel.

2 **Latten für die Seitenwände (A) in der richtigen Breite und Dicke zuschneiden:** Für das Zuschneiden der Latten für die Seitenwände (sechs Latten pro Box) nahm ich die Tischkreissäge.

3 **Latten (A) in der richtigen Länge zuschneiden:** Mit der Kappsäge schnitt ich immer mehrere Latten auf einmal zu, um Zeit zu sparen und eine gleichmäßige Länge zu erhalten.

4 **Latten (A) abschleifen:** Jede Latte muss mit dem stationären Bandschleifer abgeschliffen werden, damit die Oberfläche nicht splittert und eine interessante Struktur erhält.

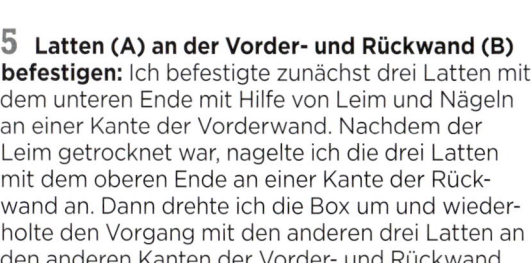

5 Latten (A) an der Vorder- und Rückwand (B) befestigen: Ich befestigte zunächst drei Latten mit dem unteren Ende mit Hilfe von Leim und Nägeln an einer Kante der Vorderwand. Nachdem der Leim getrocknet war, nagelte ich die drei Latten mit dem oberen Ende an einer Kante der Rückwand an. Dann drehte ich die Box um und wiederholte den Vorgang mit den anderen drei Latten an den anderen Kanten der Vorder- und Rückwand.

6 Bretter für den Boden (C) befestigen: Der Boden jeder Kiste besteht aus drei Brettern. Sie werden mit Drahtstiften an der Kiste befestigt.

7 Fertig!

Möbel
FÜR HAUS UND GARTEN

Möbel sind nicht billig. Auch wenn Sie sparsam einkaufen, kommt einiges an Kosten zusammen, wenn Sie ein ganzes Zimmer einrichten. Versuchen Sie doch, einige der benötigten Stücke selbst aus Palettenholz herzustellen. Schauen Sie sich die Projekte in diesem Kapitel an. Wenn Sie noch unentschlossen sind, hier einige Entscheidungshilfen:

- Palettenholz kostet fast nichts.

- Eine einzige Palette kann genügend Holz für mehrere Möbelstücke liefern.

- Die Oberfläche kann bearbeitet und geglättet werden oder ihren ursprünglichen Charakter behalten, je nachdem, was zu Ihrer Einrichtung besser passt.

- Möbel aus Palettenholz können im Wohn- und im Außenbereich eingesetzt werden.

- Ein selbst gefertigtes Möbelstück ist ein Unikat, das man nirgends zu kaufen bekommt.

- Sie brauchen nicht von Möbelhaus zu Möbelhaus zu fahren, um nach einem passenden Stück oder nach einem Schnäppchen Ausschau zu halten. So sparen Sie Zeit, Nerven und Benzin.

Wenn Sie sich Ihrer Sache noch nicht sicher sind, fangen Sie klein an, zum Beispiel mit einem Beistelltisch. Sie bekommen sicher Lust auf mehr!

Stuhl, Seite 71

Garderobenspiegel

Hereinspaziert!

Mit diesem Möbelstück können Sie Ihren Eingangsbereich mit wenig Aufwand freundlich, einladend und praktisch ausgestalten. Ein Spiegel wurde mit ein paar Kleiderhaken und einer Ablagefläche kombiniert – hier ist Platz für Ihren Schlüsselbund, Ihren Schal oder die Hundeleine, damit Sie sie beim Weggehen gleich bei der Hand haben. Die frische blaue Farbe habe ich gewählt, weil sie mir besonders gut gefiel – Sie können das Holz je nach persönlichem Geschmack streichen oder beizen.

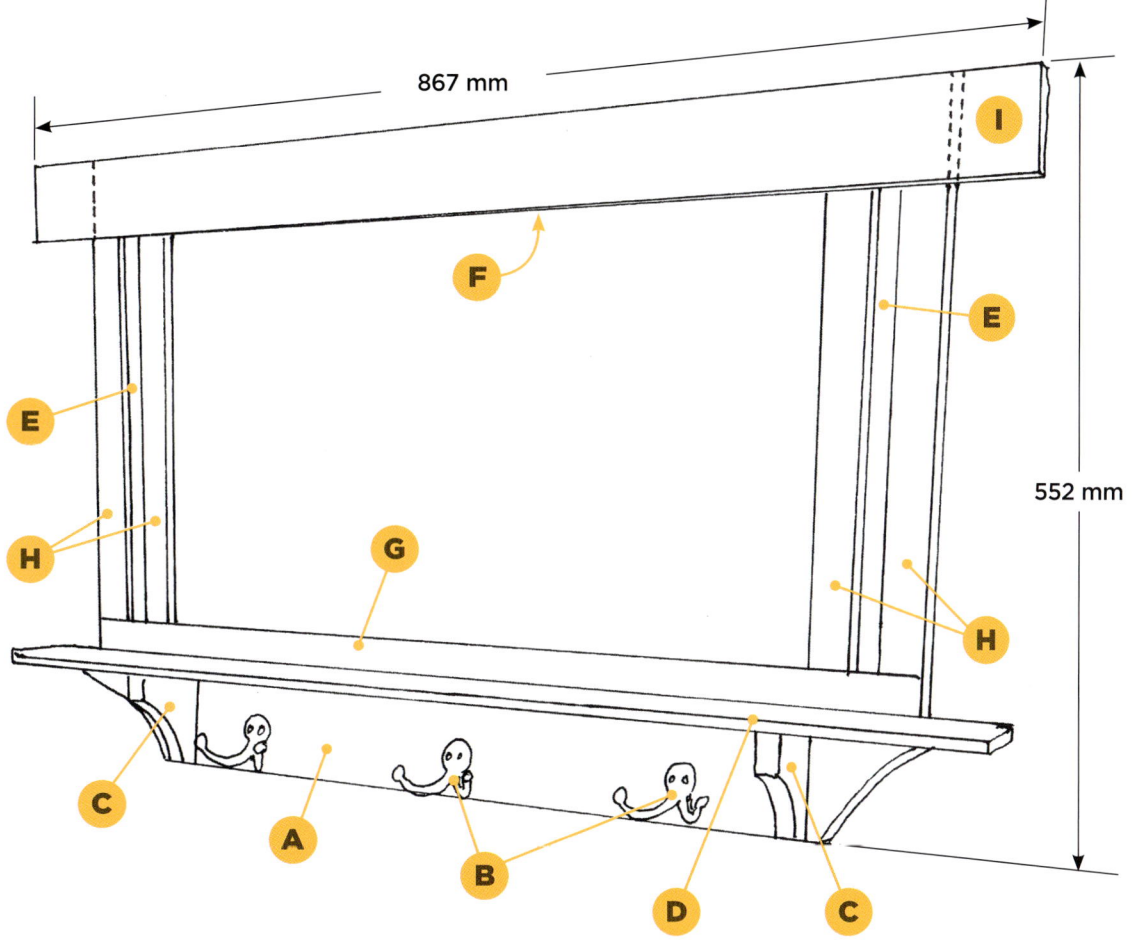

Garderobenspiegel – Materialliste*

	Teil	Anzahl	Material	Maße
A	Kleiderhakenleiste	1	Brett, 25 mm dick	102 x 762 mm
B	Kleiderhaken	3		
C	Stützen	2	Bretter, 25 mm dick	89 x 102 mm
D	Ablage	1	Brett, 19 mm dick	114 x 867 mm
E	Seitliche Rahmenleisten	2	Bretter, 13 mm dick	64 x 432 mm
F	Obere Rahmenleiste	1	Brett, 13 mm dick	64 x 762 mm
G	Untere Rahmenleiste	1	Brett, 13 mm dick	25 x 762 mm
H	Füllleisten	4	Bretter, 13 mm dick	29 x 343 mm
I	Kopfleiste	1	Brett, 13 mm dick	64 x 867 mm

*Alle Maße sind Ca.-Maße

1 **Details festlegen:** Zuerst legte ich einige Kleiderhaken (B) auf dem Brett (A) auf, das ich als Kleiderhakenleiste vorgesehen hatte. Ich wollte sie zunächst nicht befestigen, sondern nur die Anzahl und den Abstand ausprobieren. Mit einem Kurvenlineal markierte ich an einem Ende der Kleiderhakenleiste (A) eine gefällige Kurve.

2 **Kurve aussägen, zweite Kurve markieren:** Nachdem ich die Kurve am einen Ende der Leiste (A) ausgesägt hatte, nahm ich das abgesägte Holzstück als Schablone, um die Kurve am anderen Ende zu markieren und auszusägen. So erhielt ich zwei genau gleiche Kurven.

3 **Stützen zuschneiden:** Mit der Bandsäge schnitt ich die beiden Stützen (C) für die Ablage (D) zu.

Wissen Für etwa 50 % der Weltbevölkerung ist Holz die hauptsächliche Energiequelle zum Kochen und Heizen.

4 Stützen (C) befestigen: Als Nächstes schraubte ich die Stützen (C) an der Kleiderhakenleiste (A) fest, schnitt dann die übrigen Holzteile zu und probierte verschiedene Positionen aus.

5 Spiegelrahmen bauen: Ich entschloss mich, die obere und die untere Rahmenleiste (F und G) oberhalb der seitlichen Rahmenleisten (E) zu platzieren und an den Ecken mit versenkten Schrauben zu befestigen. Dann montierte ich die Kopfleiste (I) an der oberen Rahmenleiste (F) und die Füllleisten (H) an den seitlichen Rahmenleisten (E). Das kleine Bild zeigt eine der oberen Ecken von der Rückseite: Von unten nach oben sieht man die Kopfleiste, die obere Rahmenleiste, eine der seitlichen Rahmenleisten und die Kante einer der Füllleisten.

6   Ablage bauen: Nun befestigte ich die Ablage (D) oben an den Stützen (C). Dann trieb ich von unten Schrauben durch die Ablage (D) in die Unterkante der unteren Rahmenleiste (G), um den Spiegelrahmen an der Ablage zu befestigen.

7   Die Oberfläche nach Wunsch behandeln: Dass das grob gesägte Holz die Farbe nicht gleichmäßig aufnahm, kam meinen Vorstellungen von „shabby chic" sehr entgegen. Um diesen Look noch zu betonen, schliff ich einige Kanten nachträglich mit 80-körnigem Schleifpapier wieder ab.

8   Kleiderhaken (B) befestigen: Bevor ich die Haken festschraubte, besprühte ich sie mit der Farbe „Bronze antik", die mir besser gefiel als das ursprüngliche Weiß.

9   Spiegelglas befestigen: Mit kleinen Befestigungsteilen aus Kunststoff wurde das Spiegelglas sicher angebracht.

Stuhl

Grobes trifft auf Feines

Dass der Sitz und die Rückenlehne aus Palettenholz bestehen, erkennt man sofort. Aber der Rahmen? Die meisten Betrachter meinen, dass ich dafür „besseres" Holz verwendet habe. Weit gefehlt! Das gesamte Holz für den Stuhl stammt von einer einzigen Palette – und diese Tatsache sorgt immer wieder für Erstaunen.

Ich habe den Rahmen hauptsächlich deswegen blau gestrichen, weil mir die Farbe gefiel, aber auch, weil ich die charakteristische Eigenart der Latten an der Rückenlehne und an der Sitzfläche betonen wollte und weil der Rahmen durch den Anstrich sozusagen in den Hintergrund tritt. Ich will damit zeigen, dass man einerseits den „naturbelassenen" Charakter des Palettenholzes betonen und hervorheben, andererseits das Palettenholz wie jedes andere Holz verarbeiten kann. Für alle, die sich für die Technik des konventionellen Möbelbaus interessieren, ist diese Anleitung ein gutes Anschauungsmaterial.

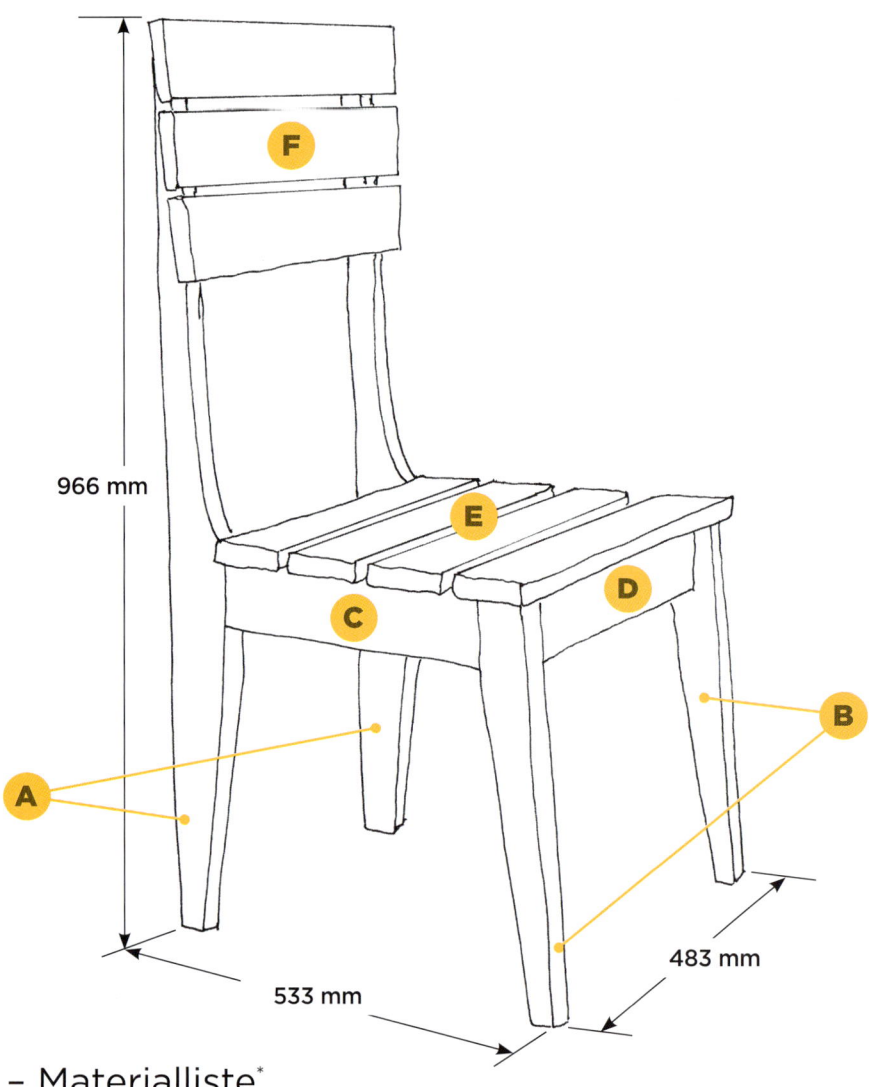

966 mm

F

E

C

D

A

B

483 mm

533 mm

Stuhl – Materialliste*

	Teil	Anzahl	Material	Maße
A	Hintere Stuhlbeine	2	Bretter, 25 mm dick	102 x 966 mm
B	Vordere Stuhlbeine	2	Bretter, 25 mm dick	102 x 442 mm
C	Seitliche Zargen	2	Bretter, 25 mm dick	102 x 330 mm
D	Vordere und hintere Zargen	2	Bretter, 25 mm dick	102 x 432 mm
E	Bretter für den Sitz	4	Bretter, 16 mm dick	76 x 483 mm
F	Bretter für die Lehne	3	Bretter, 16 mm dick	76 x 483 mm

*Alle Maße sind Ca.-Maße

1 Geeignete Palette finden und zerlegen: Ich hatte das Glück, eine besonders gut geeignete Palette zu finden. Aus ihrem Holz konnte ich den ganzen Stuhl bauen und behielt noch einige Bretter übrig. Ich versuchte, möglichst breite Mittelbretter als Material für den Sitz und die Lehne zu „retten".

2 Bretter zuschneiden, überschüssiges Material aufheben: Auf dem Bild sieht man die Mittelbretter, die ich von dieser Palette bergen konnte. Insgesamt hatte ich mehr Holz, als ich für den Stuhl brauchte.

3 Stuhlrahmen probeweise zusammenstellen: Während meiner fünfzehnjährigen hauptberuflichen Tätigkeit als Möbeltischler habe ich dutzende Stühle angefertigt. Der Entstehungsprozess beginnt meist damit, dass ich mehrere Teile auflege, um zu sehen, wie sie zusammenpassen. Beginnen Sie mit einem hinteren (A) und einem vorderen Stuhlfuß (B), einer seitlichen und einer vorderen Zarge (C und D). Der Sitz muss sich etwa 457 mm über dem Boden befinden, die Tiefe beträgt üblicherweise 406 mm, aber alles andere können Sie bestimmen. Markieren Sie jeweils nur einen von mehreren identischen Teilen; in Schritt 6 werden sie zugeschnitten, in Schritt 7 als Schablonen verwendet.

4 Winkel des vorderen Stuhlbeines (B) festlegen: Da ich einen Stuhl mit einem leicht ausgestellten vorderen Stuhlbein bauen wollte, musste ich die seitliche Zarge (C) am vorderen Ende leicht abschrägen. Mit einem Winkelfinder stellte ich zunächst den genauen Winkel (in diesem Fall 5°) fest und markierte ihn auf der seitlichen Zarge.

5 **Winkel am oberen Teil des hinteren Stuhlbeines (A) festlegen:** Für jenen Teil des Stuhlbeines, der als Rückenlehne dient, hatte ich mir eine anmutige Kurvenform vorgestellt. Lassen Sie sich bei diesem Teil der Arbeit genügend Zeit und seien Sie flexibel – vielleicht müssen Sie die Form später noch anpassen.

6 **Verjüngung der Stuhlbeine festlegen, alle markierten Teile zuschneiden:** Die verjüngte Form des unteren Teils der Stuhlbeine (A und B) ergibt eine elegantere Linie.

7 **Die zugeschnittenen Teile für die übrigen Teile als Vorlage verwenden:** Nachdem ich den Stuhlbeinen (A und B) die gewünschte verjüngte Form gegeben hatte, nahm ich sie als Vorlage für die entsprechenden Gegenstücke. Bei den anderen Teilen des Stuhlrahmens ging ich ebenso vor.

8 **Löcher zum Verdübeln der vorderen Füße, der seitlichen Zargen und der hinteren Füße (A, B und C) bohren:** Ich entschied mich für das Verdübeln, um stabile, unsichtbare Eckverbindungen zu erhalten. Die abgebildete Einspannvorrichtung kostet ungefähr 25 Euro. Ein solches Helferlein brauchen Sie für diese Arbeit unbedingt. Sie können damit exakte zentrische Löcher in jedes Holz bohren, das weniger als 5 cm dick ist.

9 **Eckverbindungen überprüfen:** Das Foto zeigt, wie eine Dübelverbindung zusammengefügt wird. Überprüfen Sie, ob die gebohrten Löcher die richtige Größe für die Dübel haben, bevor Sie alles zusammenleimen.

10 **Stuhlseiten zusammenleimen, mit Schraubzwingen fixieren und trocknen lassen:** Leimen Sie ein hinteres (A) und ein vorderes Stuhlbein (B) an beiden Seiten einer seitlichen Zarge (C) fest.

11 **Stuhlseiten auf exakte Verarbeitung überprüfen und eventuell korrigieren:** Um zu überprüfen, ob beide Seiten wirklich identisch sind, legte ich sie übereinander, um eventuelle Abweichungen feststellen zu können.

12 **Enden der vorderen Zarge (D) abschrägen:** Die Enden der vorderen Zarge müssen um 5° abgeschrägt werden, sodass der Fuß des Stuhlbeines flach auf dem Boden aufsteht.

Wissen Durch nachhaltige Schlägerung wachsen jedes Jahr mehr Bäume nach, als geschlägert werden.

13

14

15

16

13 Vordere Zarge (D) anleimen und mit Schraubzwingen fixieren: Nun sieht das Ganze schon wie ein Stuhl aus!

14 Vordere Zarge (D) anschrauben, Schraubenköpfe mit Holzstiften abdecken: Mit 76 mm langen Schrauben wurde die vordere Zarge dauerhaft befestigt. Um das Holz nicht zu spalten, bohrte ich zunächst Schraubenlöcher mit 2,5 mm Durchmesser durch die vorderen Stuhlbeine in die Zarge. Dann bohrte ich kleine Senkungen für die Schraubenköpfe. Nachdem ich die Schrauben angebracht hatte, deckte ich sie mit kleinen Holzstiften ab, die ich bündig mit der Seitenfläche des Stuhlbeines abschnitt.

15 Hintere Zarge (D) zuschneiden und anbringen: Die hintere Zarge wurde genauso zugeschnitten, an den Enden um 5° abgeschrägt und angebracht wie die vordere Zarge. Der Stuhlrahmen wurde noch leicht abgeschliffen und war damit fertig zum Streichen und zum Anbringen der Bretter für den Sitz und die Lehne.

16 Oberfläche bearbeiten, Sitz und Lehne (E und F) anbringen: Der Einfachheit halber wurde der Rahmen vor der Anbringung von Sitz und Lehne gestrichen. Ich verwendete dazu Sprühfarbe und brachte sie in zwei Schichten auf. Als die Farbe trocken war (in unserem trockenen Klima dauerte dies 15 Minuten), lackierte ich die Bretter für Sitz und Lehne (E und F) gleichmäßig mit Polyurethanlack. Mit Zweikomponenten-Epoxykleber und 38 mm langen Drahtstiften befestigte ich schließlich die Bretter am Rahmen.

Couchtisch

Kraftvolle Eleganz

Als Möbeltischler hatte ich vor vielen Jahren den Entschluss gefasst, mich auf Auftragsarbeiten zu spezialisieren. Ich musste also bereit sein, in mehreren Möbelstilen zu arbeiten. Dadurch vergrößerte sich die Anzahl meiner potenziellen Kunden; dafür verringerte sich für mich die Möglichkeit, bei meiner Arbeit meiner Passion nachzugehen. Möbel im sogenannten „Danish Modern"-Stil haben es mir besonders angetan, und ich wünsche mir immer, mehr Zeit für solche Projekte zu haben. Während der Arbeit an diesem Buch ergab sich eine günstige Konstellation: Als Beispiel für die Wandlungsfähigkeit von Palettenholz wollte ich den Bau eines Möbelstücks mit hochwertiger Optik beschreiben. Und meine Frau und ich brauchten gerade einen neuen Couchtisch für das Wohnzimmer.

„Danish Modern" ist ein stilistischer Oberbegriff für Möbel, die zwischen 1950 und 1970 in und um Dänemark hergestellt wurden. Auch in Amerika (und anderswo) wurden Möbel produziert, die in diese Stilrichtung passen. „Danish Modern"-Möbel sind robust, aber nicht klobig; meist verbinden sie elegante Linien und weiche Kurven zu einer feinen Ästhetik. Teak, Nuss und Mahagoni gehören zu den bevorzugten Hölzern. Essgruppen, Kredenzen (Anrichten) und Stühle in diesem Stil sind auch heute noch recht häufig anzutreffen.

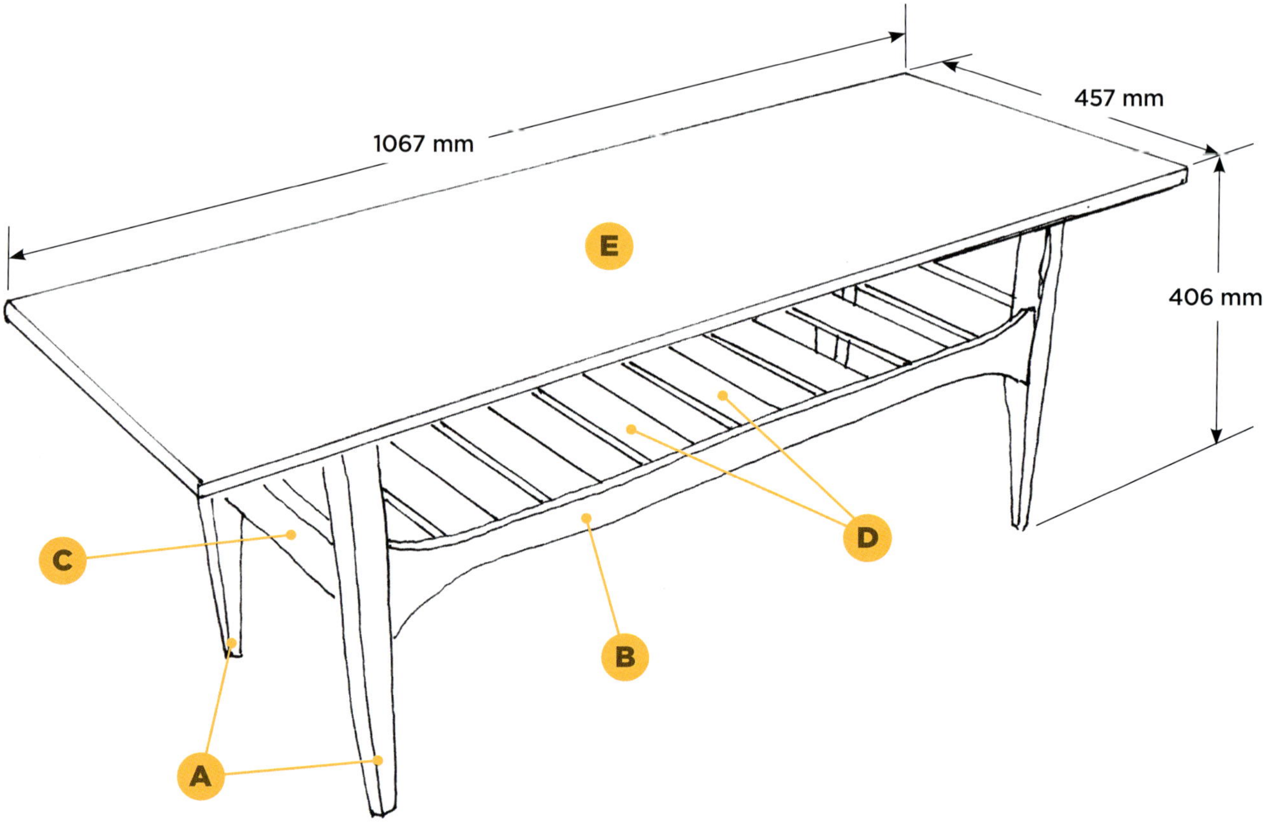

Diagram labels:

1067 mm
457 mm
406 mm

E
D
C
B
A

Couchtisch – Materialliste*

	Teil	Anzahl	Material	Maße
A	Tischbeine	4	Bretter, 51 mm dick	51 x 378 mm
B	Lange Zargen	2	Bretter, 22 mm dick	102 x 737 mm
C	Kurze Zargen	2	Bretter, 22 mm dick	102 x 279 mm
D	Latten	7	Bretter, 19 mm dick	51 x 318 mm
E	Tischplatte	1	Sperrholzbrett, 17 mm dick	457 x 1067 mm

*Alle Maße sind Ca.-Maße

Wissen Zur Palettenherstellung wird Holz verwendet, das sonst wahrscheinlich entsorgt würde, weil es nicht als „schön" angesehen wird.

1

2

3

1 Holz für die Beine auswählen: Ich suchte zuerst einige zusammenpassende Hölzer für die Beine (A) aus. Auf dem Bild sehen sie noch nicht sehr vielversprechend aus – ich vermutete aber, dass durchaus Potenzial darin steckte.

2 Ausgewählte Hölzer vorbereiten: Ich musste nun die Rohteile für die Beine (A) von den daran befestigten Restholzstücken und Nägeln befreien. Holzstücke, die voller Nägel sind, werfe ich normalerweise am liebsten weg. Hier blieb mir jedoch nichts übrig, als die Nägel händisch zu entfernen.

3 Beine (A) zuschneiden, Anordnung ausprobieren: Nach dem Entfernen der Nägel konnte ich die Rohteile mit Hilfe meiner Tischkreissäge auf eine Größe von 44 x 44 x 387 mm zuschneiden. Nun probierte ich die mögliche Anordnung der übrigen Teile aus. Für die Tischplatte (E) verwendete ich kein Palettenholz, sondern eine Sperrholzplatte – auch dabei handelte es sich um Restholz und damit um Recyclingmaterial. Sie können für die Tischplatte auch Palettenholz nehmen, nach Wunsch auch massives Hartholz.

4 Lange Zargen (B) gestalten: Die Bretter, die ich für die langen Zargen auswählte, hatten in der Mitte eine Längsrille, die ich zur Anbringung der Latten (D) nutzte. Diese Rille ist nicht notwendig; Sie können die Latten auch oben auf den Zargen montieren. Wenn Ihr Tisch genauso aussehen soll wie meiner, suchen Sie entweder nach Brettern mit einer Rille oder bringen Sie die Rille an Ihren Brettern an – Sie können dazu entweder die Tischkreissäge nehmen oder zwei Latten an den langen Zargen anleimen und dazwischen einen Zwischenraum lassen. Ich markierte nun die Stelle, wo ich die Zarge am Bein (A) anbringen wollte. An der Zarge markierte ich Kurven, an denen ich mit der Bandsäge entlangschnitt, um das überschüssige Holz zu entfernen. Die fertiggestellte Zarge (B) nahm ich als Vorlage für die zweite lange Zarge.

5 Verjüngung der Beine (A) markieren: Geschwungene Linien und Verjüngungen sind bei „Danish Modern"-Mobiliar oft anzutreffen. Manchmal werden die Beine dazu auf einer Drehbank gedrechselt. Obwohl ich eine Drehbank besitze und auch überlegte, sie für dieses Projekt einzusetzen, glaubte ich, das gewünschte Ergebnis auch ohne Drehbank erreichen zu können. Ich entschloss mich, am unteren Teil der Beine eine Verjüngung zu skizzieren.

6 Eine Vorrichtung zum Schneiden der Verjüngung bauen oder eine gekaufte Vorrichtung einstellen: Es gibt verstellbare Vorrichtungen um etwa 20 Euro, ich habe mir aber nie eine solche zugelegt – Sie können innerhalb von Minuten aus Restmaterial eine Vorrichtung bauen, die genau Ihrem Projekt angepasst ist. Die Unterlage aus 13 bis 19 mm dickem Sperrholz sollte etwas länger sein als das Werkstück. Legen Sie zuerst den Winkel der Verjüngung fest – ich ziehe dazu am Werkstück eine Linie, an der nachher entlanggeschnitten wird. Dann legen Sie das Werkstück auf die Sperrholzunterlage und richten die lange Kante der Unterlage mit der Markierungslinie aus. Nun schrauben Sie zwei Stücke Restholz entlang den Kanten des Werkstücks an der Unterlage an, damit es an dieser Stelle liegenbleibt. Zuletzt fixieren Sie das Werkstück mit einer Knebelklemme an der Unterlage, damit es nicht verrutscht, wenn Sie die ganze Vorrichtung am Sägeblatt der Tischkreissäge vorbeiführen. Wenn Sie die Vorrichtung einmal gebaut haben, können Sie dieselbe Verjüngung (ohne Abmessen und Markieren) wieder und wieder schneiden.

7 Verjüngung schneiden: Hier sehen Sie die eben beschriebene Vorrichtung in Aktion. Der Rohteil (A) wird in der richtigen Position festgehalten, während das Sägeblatt das überschüssige Holz in einem Zug glatt abschneidet. Ich entschied mich für eine Verjüngung an zwei aneinander angrenzenden Flächen, um eine elegante Linie zu erzielen.

8 Fortschritt überprüfen: Nach jedem Arbeitsschritt legen Sie die Teile in der richtigen Anordnung auf und überprüfen Sie, ob alle Schnitte richtig ausgeführt wurden und alles zusammenpasst. So können Sie etwaige Anpassungen sofort vornehmen und kommen nicht erst beim Zusammenbau des Tisches darauf, dass Korrekturen notwendig sind.

9 Kanten an allen Teilen abrunden: Da der Tisch nicht klobig, sondern elegant wirken sollte, rundete ich mit einer kleinen Handfräse an allen Teilen (A, B, C, D und E) die Kanten ab, wodurch sich der Gesamteindruck völlig veränderte.

10 Lange Zargen (B) an den Beinen (A) befestigen: Ich leimte die langen Zargen (B) an den Beinen (A) fest und befestigte sie zusätzlich mit zwei 75 mm langen, versenkten Schrauben an jedem Ende. Nun waren die Längsseiten fertig und der Tisch begann Gestalt anzunehmen.

 **Wissen** Bäume wachsen von oben, nicht von unten. Ein Ast „bewegt" sich am Stamm eines Urwaldriesen in 1000 Jahren nur um wenige Meter nach oben.

11 Eine kurze Zarge (C) befestigen: Die kurzen Zargen (C), die die Längsseiten miteinander verbinden, sind ganz einfach gestaltet und weisen keine Kurven auf. Bringen Sie zunächst nur eine kurze Zarge an. Bevor Sie die zweite montieren, müssen die Latten (D) angebracht werden.

12 Lattenablage fertigstellen, zweite kurze Zarge anbringen: Die Lattenablage ist ein typisches Designelement bei „Danish Modern"-Möbeln. Die Latten (D) werden in die Rillen (siehe Schritt 4) in den langen Zargen (B) eingeführt und mit Nägeln befestigt. Wie gesagt: Wenn Ihre langen Zargen keine Rille haben, können Sie sie mit einer solchen versehen oder die Latten oben an den langen Zargen befestigen. Danach bringen Sie die zweite kurze Zarge (C) an.

13 Alle Teile beizen oder streichen: Ich wollte diesem Tisch einen speziellen Vintage-Look geben, als hätte ich ihn in einem Möbelgeschäft als Schnäppchen erstanden. Diesen Eindruck versuchte ich durch zwei Beizanstriche in verschiedenen Farbtönen zu erwecken, die ich etwas fleckig auftrug, um eine jahrelange Benutzung und etwas amateurhafte Reparaturen zu simulieren. Es handelte sich um zwei Beizen auf Ölbasis, eine in einem satten Dunkelbraun (Miniwax Dark Walnut), eine mit einem leicht rötlichen Ton (Miniwax Red Mahogany). Zusammen ergaben sie einen nuancierten Gesamteindruck, der mir interessanter schien als ein einfacher oder doppelter Anstrich mit demselben Produkt. Danach trug ich eine doppelte Schicht klaren Polyurethanlack auf.

14 Tischplatte (E) anbringen: Die Tischplatte klebte ich mit Epoxykleber oben auf die Tischfüße auf. Mit kleinen Drahtstiften wurde sie während des Trocknungsvorgangs zusätzlich befestigt.

Gartenbank

Erste Reihe fußfrei

Bei schönem Wetter bewirten meine Frau und ich oft Gäste in unserem
Garten. Immer wieder kommt es dabei vor, dass wir zu wenig Sitzgele-
genheiten haben. Heuer haben wir unsere Sammlung um diese flippige
Gartenbank erweitert. Dass sie aus einer alten Palette hergestellt ist, wird
gewiss zu ihrer Beliebtheit beitragen.

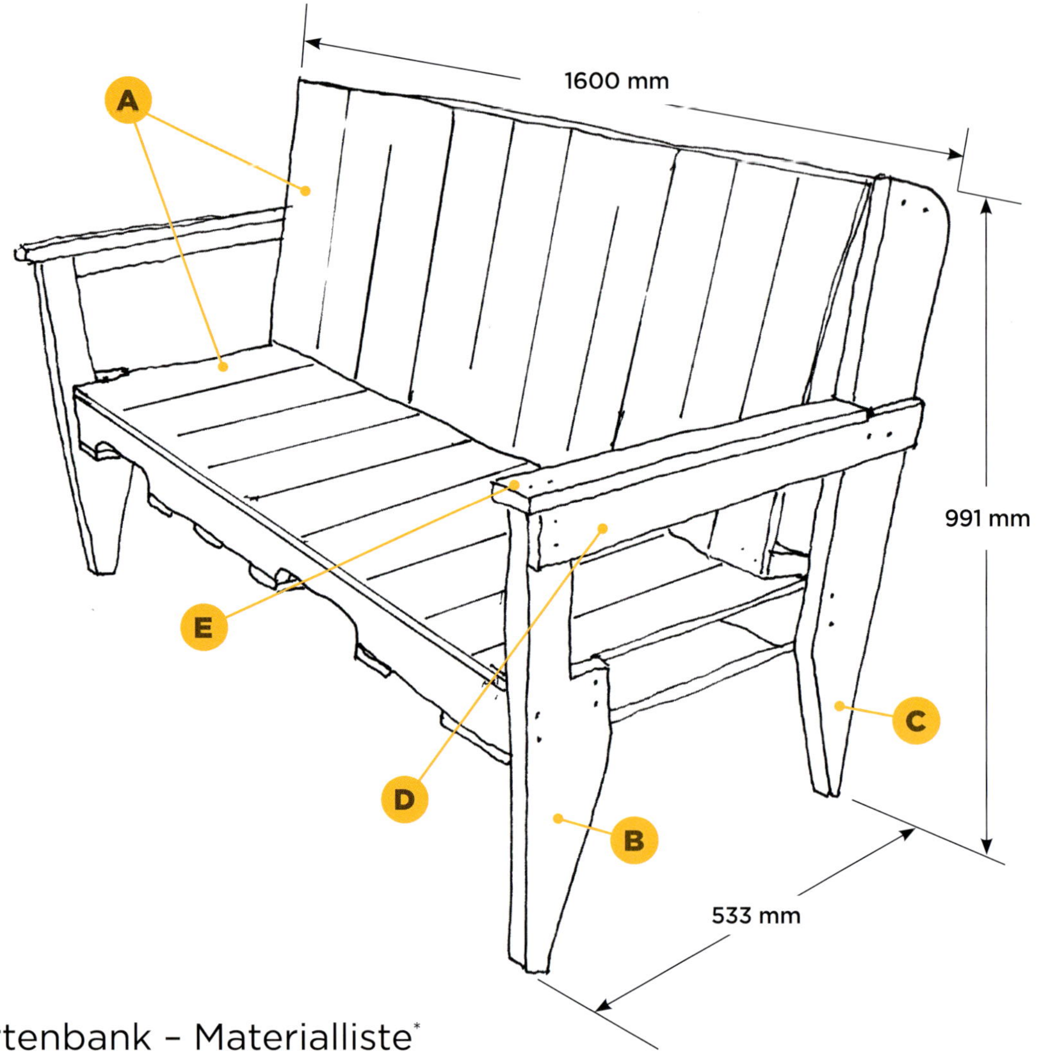

1600 mm

A

991 mm

E

D

B

C

533 mm

Gartenbank – Materialliste*

	Teil	Anzahl	Material	Maße
A	Paletten für Sitze und Lehne	2	Palette(n), 127 mm dick	533 x 1524 mm
B	Vordere Beine	2	Bretter, 38 mm dick	140 x 686 mm
C	Hintere Beine	2	Bretter, 38 mm dick	140 x 991 mm
D	Seitliche Zargen	2	Bretter, 25 mm dick	76 x 533 mm
E	Armlehnen	2	Bretter, 25 mm dick	102 x 432 mm

*Alle Maße sind Ca.-Maße

Wissen Paletten werden aus verschiedensten Materialien hergestellt. Holzpaletten sind am beliebtesten, weil sie haltbar, umweltfreundlich und preisgünstig sind.

1 **Palette für Sitz und Lehne beschaffen:** Zum Unterschied von den meisten anderen Projekten in diesem Buch, bei denen einzelne Holzstücke aus zerlegten Paletten zum Einsatz kamen, wurde hier die Palette nicht zerlegt, sondern als Ganzes verwendet. Zufällig stieß ich auf eine Palette, die nicht einen, sondern zwei Mittelträger hatte. Für mein Projekt war sie damit besonders gut geeignet.

2 **Beschädigte Teile abschneiden:** Meine Palette (A) war an einem Ende beschädigt; ich entschloss mich, diesen Teil abzuschneiden.

3 **Palette (A) der Länge nach halbieren:** Die ungewöhnliche Bauart meiner Palette machte es möglich, sie mit der Säbelsäge der Länge nach in zwei spiegelbildliche Hälften zu schneiden.

>> **DIE PERFEKTE GARTENBANK-PALETTE**

Die Palette, aus der meine Gartenbank entstanden ist, war ein einmaliger Fund. Aber auch wenn Sie eine solche Palette nicht zur Verfügung haben, können Sie dieses Projekt umsetzen! Am besten eignen sich zwei Paletten, von denen jede 1067 x 1067 mm misst. Schneiden Sie die Paletten in die Hälfte, und Sie erhalten die Teile für Sitz und Lehne (zwei spiegelbildliche Paare statt nur einem – siehe Schritt 3). Durch Zusammenschrauben zweier Teile entsteht die Sitzfläche, durch Zusammenschrauben der zwei anderen die Lehne. Die fertige Bank ist 2134 mm lang. Um eine kürzere Bank zu bauen, können Sie die Enden der Paletten nach Wunsch kürzen. Bringen Sie in der Mitte als Stütze ein zusätzliches Bein an der Stelle an, wo Sie die Paletten zusammengeschraubt haben.

4 Gartenbank entwerfen: Nachdem ich meine Super-Palette (A) entzweigeschnitten hatte, wurde klar, dass ich eine Hälfte als Lehne und eine Hälfte als Sitzfläche einsetzen konnte.

5 Sitz und Lehne aneinander befestigen, vordere Beine zuschneiden: Mit 90-mm-Schrauben befestigte ich die Lehne an der Sitzfläche (A). Dann gab ich den Rohteilen für die vorderen Beine (B) mit der Stichsäge eine ansprechende Form. Um die Beine an beiden Seiten der Sitzfläche (A) zu befestigen, nagelte ich sie an der Vorderkante der Palette an. Um besser weiterarbeiten zu können, schob ich einen Klotz aus Restholz als provisorische Stütze unter die rückwärtige Kante.

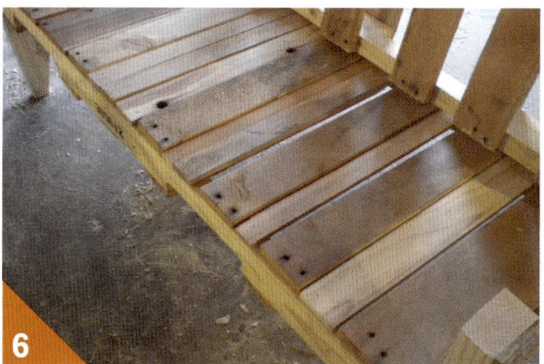

6 Lücken in der Sitzfläche (A) schließen: Um den Sitz so bequem wie möglich zu machen, schloss ich die Lücken zwischen den Brettern der ursprünglichen Palette mit Brettern aus einer anderen Palette.

7 Hintere Beine (C) und seitliche Zargen (D) zuschneiden und befestigen: Ich gab dem unteren Teil der hinteren Beine (C) eine verjüngte Form. Dann nagelte ich sie an den dickeren Latten der Lehne und des Sitzes (A) fest. Als Nächstes brachte ich die seitlichen Zargen als Verbindung zwischen den Vorder- und Hinterfüßen und als Auflagefläche für die Armlehnen (E) so an, dass sie mit der Schmalseite der Vorderfüße eine Linie bildeten.

8

9

10

8 Armlehnen (E) anbringen: Für die Armlehnen befestigte ich an beiden Seiten der Sitzfläche je ein Brett an den Zargen. Nach Wunsch kann man darauf auch ein Trinkgefäß abstellen.

9 Die Schmalseite der hinteren Beine (C) abrunden: Mit einer Stichsäge rundete ich die Ecke an der Oberseite der beiden hinteren Beine (C) ab.

10 Nach Wunsch anstreichen: Die Beine und die Armlehnen (B, C, D und E) erhielten einen grauen Anstrich, der den warmen Holzton der Lehne und der Sitzfläche erst richtig zur Geltung bringt.

Praktisches, das Freude macht

Die bisher vorgestellten Projekte sind funktionell – auch wenn sie teilweise eine „dekorative" Funktion haben. Im folgenden Abschnitt aber wird richtig in die Hände gespuckt: Sie erfahren, wie man eine Werkzeugkiste und eine Werkbank baut – zwei wichtige Gegenstände für jeden Heimwerker. Bei den anderen beiden Projekten, dem Nistkasten und der Ukulele, steht zwar der Spaßfaktor im Vordergrund – funktionell sind sie aber dennoch!

Die vielseitige Verwendbarkeit von Palettenholz wird hier abermals unter Beweis gestellt. Ob Sie einen edlen Ziergegenstand oder ein Funktionsmöbel für einen ganz bestimmten Zweck anfertigen wollen – Palettenholz wird Sie nicht enttäuschen. Bevor Sie mit der Arbeit an einem Holzprojekt beginnen, fragen Sie sich: Könnte ich dazu Palettenholz nehmen? In neun von zehn Fällen wird die Antwort „Ja" lauten, Sie sparen sich die Kosten für das Holz aus dem Baumarkt und haben auch noch etwas für die Umwelt getan!

Nistkasten, Seite 92

Nistkasten

... da lass dich ruhig nieder

Ich verstehe nicht allzu viel von Vögeln – außer von Hühnern, und das ist ein anderes Thema. Aber unser Garten gefällt mir besser, seit ich diesen Nistkasten gebaut und an einem geeigneten Standort aufgestellt habe. Die Arbeit dauerte nicht einmal eine Stunde, das Material war kostenlos. Jetzt müssen unsere gefiederten Freunde nur noch einziehen!

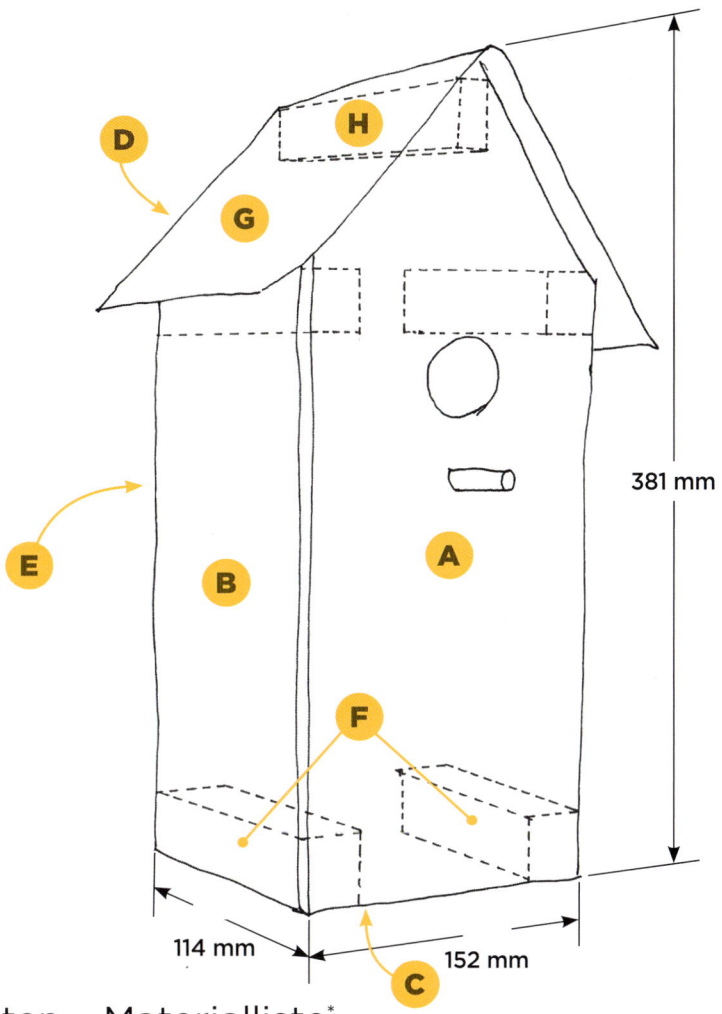

381 mm

114 mm

152 mm

Nistkasten – Materialliste*

	Teil	Anzahl	Material	Maße
A	Vorderwand	1	Brett, 13 mm dick	152 x 381 mm
B	Seitenwände	2	Bretter, 13 mm dick	114 x 279 mm
C	Boden	1	Brett, 13 mm dick	127 x 127 mm
D	Giebel	1	Brett, 13 mm dick	102 x 127 mm
E	Tür	1	Brett, 13 mm dick	121 x 229 mm
F	Eckleisten	4	Bretter, 22 mm dick	722 x 114 mm
G	Dach	1	Blech	165 x 330 mm
H	Dachbalken	1	Brett, 19 mm dick	19 x 114 mm

*Alle Maße sind Ca.-Maße

1 Seitenwände und Boden (B und C) zuschneiden: Als ich an diesem Projekt zu arbeiten begann, hatte ich viel Palettenholz zur Verfügung, die einzelnen Bretter waren aber alle nicht sehr breit. Ich leimte also mehrere schmälere Bretter zusammen, um die richtige Breite für den Boden und die Seitenwände zu erhalten. Mit meiner Abricht-hobelmaschine war es kein Problem, die Kanten der Bretter vorzubereiten, Sie können aber auch eine Tischkreissäge verwenden. Wenn Sie breitere Bretter zur Verfügung haben, können Sie natürlich auch mit diesen arbeiten und sie auf die richtige Größe zuschneiden.

2 Blech für das Dach (G) zuschneiden: Während der Leim trocknete, schnitt ich mit der Blechschere aus einem übriggebliebenen Dekorblech ein geeignetes Stück heraus.

3 Blech zurechtbiegen: Ich bog das Blech händisch zurecht, um die richtige Größe und den richtigen Winkel besser abschätzen zu können. Ich machte mir nicht die Mühe, den Winkel zu messen – bei einem solchen Projekt muss nicht allzu präzise gearbeitet werden; Anpassungen können je nach Bedarf erfolgen.

4 **Eckleisten (F) anbringen:** Als der Leim an den Brettern für Boden und Seitenwände getrocknet war, nahm ich die Bretter aus den Schraubzwingen und schnitt sie auf die richtige Länge zurecht. Um sie aneinander zu befestigen, schnitt ich kleine Eckleisten (F) zu und platzierte sie in den Ecken zwischen dem Boden und den beiden Seitenwänden. Mit meiner Nagelpistole trieb ich Nägel durch den Boden und die Seitenwände in die Eckleisten.

5 **Fortschritt überprüfen:** Hier erkennt man schon die Grundform des Nistkastens, der im Wesentlichen aus u-förmig angeordneten Brettern besteht.

6 **Umriss des Nistkastens auf die Rohteile für Vorderwand und Giebel zeichnen:** Ich leimte ein weiteres Brett als Rohteil für die Vorderwand (A) zusammen, legte es auf der Werkbank auf und platzierte die bereits montierten Teile und das Dach darauf. Nun konnte ich den Umriss des Nistkastens samt dem Dach auf dem Rohteil nachziehen. Ich zeichnete den Umriss auch auf den Rohteil für den Giebel (D).

Wissen Eine Holzpalette lässt sich leicht in sauberem und verwendbarem Zustand halten.

7 **Vorderwand (A) zuschneiden, befestigen, restliche Eckleisten (F) anbringen:** Anhand des in Schritt 6 nachgezeichneten Umrisses schnitt ich die Vorderwand zu und befestigte sie mit Leim und Schrauben vorne am Nistkasten. Als tragfähige Auflage für den Giebel (D) brachte ich an den Oberkanten der Seitenwände (B) jeweils eine Eckleiste an.

8 **Giebel (D) zuschneiden und anbringen:** Das Innere des Nistkastens muss zur gelegentlichen Reinigung zugänglich sein. Daher ist der Giebel so dimensioniert, dass darunter eine rechteckige Öffnung Platz hat, die mit einer Tür verschlossen wird. Auf dem Bild sind sowohl der Giebel als auch der Dachbalken (H) bereits befestigt.

9 **Tür (E) zuschneiden und befestigen, Dach (G) anbringen:** Nun schnitt ich das Brett für die Tür in der richtigen Größe zu. Durch die Aussparungen an den unteren Ecken passt die Tür über die beiden Eckleisten (F). Sie hängt an zwei kleinen Scharnieren und ist mit einem Riegel gut verschließbar. Zuletzt nagelte ich das Dach (G) fest.

Werkzeugkiste

Ordnung macht den Meister

Palettenbretter sind oft etwa 15 mm dick oder etwas dünner. Für manche Zwecke ist diese Stärke nicht ideal, aber für dieses Projekt ist sie gerade richtig. Eine Werkzeugkiste darf nicht zu schwer sein, damit man sie samt ihrem gewichtigen Inhalt ohne Weiteres herumtragen kann. Paletten aus dünnen Hartholzbrettern sind das beste Material für dieses Projekt. Als Holzarten bieten sich Eiche oder Lärche an. Sie weisen eine hohe Festigkeit auf, was sich günstig auf die Haltbarkeit der fertigen Kiste auswirkt.

Ein solcher Werkzeugkasten ist nicht nur praktisch, er bietet sich auch zur kreativen Gestaltung an. Der Griff zum Beispiel sollte ursprünglich anders aussehen, ich entschied mich aber während der Arbeit für die abgebildete Variante. Auch bei der Oberflächenbehandlung haben Sie mehrere Möglichkeiten – Sie können die Oberfläche unbehandelt lassen oder die Werkzeugkiste nach Geschmack durch einen Anstrich aufpeppen.

Auch mehrere Werkzeugkisten für verschiedene Projekte oder Werkzeugarten sind eine Möglichkeit. Zum Beispiel hebe ich meine Werkzeuge für Installationsarbeiten in einer eigenen Box auf, ebenso mache ich es mit dem Elektrikerwerkzeug und dem Tischlerwerkzeug. Wenn Sie eine eigene Werkzeugkiste für Ihre Fräsmaschine, für eine Bohrmaschine oder für eine Stichsäge bauen und das jeweilige Gerät zusammen mit allem Zubehör darin aufheben, erübrigt sich zeitraubendes Suchen.

Falls die Maße dieser Werkzeugkiste Ihren Bedürfnissen nicht entsprechen, können Sie sie natürlich nach oben oder nach unten anpassen.

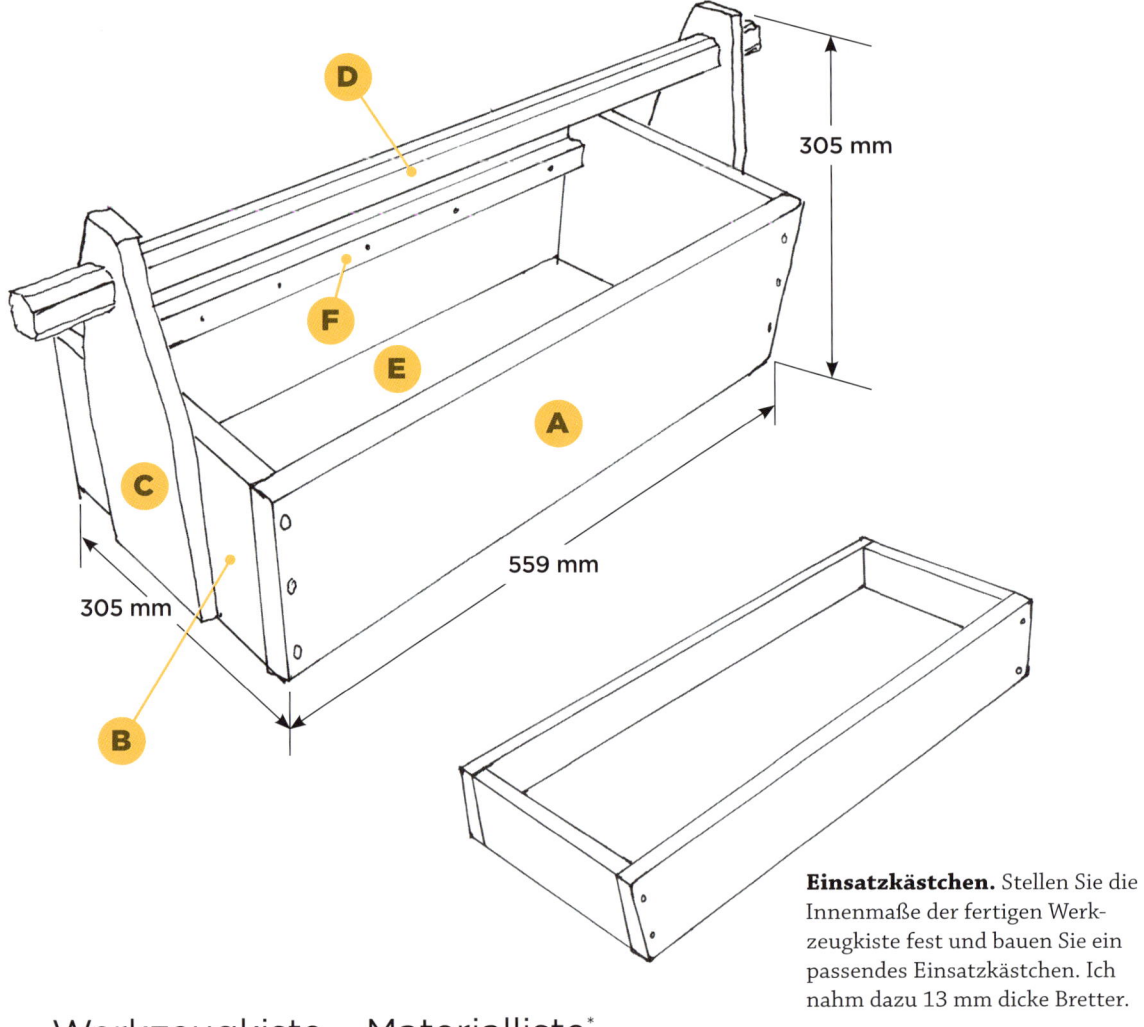

Einsatzkästchen. Stellen Sie die Innenmaße der fertigen Werkzeugkiste fest und bauen Sie ein passendes Einsatzkästchen. Ich nahm dazu 13 mm dicke Bretter.

Werkzeugkiste – Materialliste*

	Teil	Anzahl	Material	Maße
A	Lange Seitenbretter	2	Bretter, 19 mm dick	152 x 559 mm
B	Kurze Seitenbretter	2	Bretter, 19 mm dick	152 x 267 mm
C	Seitenstreben	2	Bretter, 16 mm dick	127 x 305 mm
D	Griffstange	1	Brett, 25 mm dick	25 x 686 mm
E	Boden	1	Sperrholzbrett, 6 mm dick	305 x 559 mm
F	Leisten	2	Bretter, 19 mm dick	25 x 521 mm

*Alle Maße sind Ca.-Maße

1 Holz abschleifen: Der ursprüngliche, naturbelassene Charakter des Materials war ganz nach meinem Geschmack – ein Glück, denn wegen der Nagelköpfe, die sich ins Holz hineingearbeitet hatten, konnte ich die Bretter nicht durch die Hobelmaschine laufen lassen. Ich glättete daher die Oberfläche mit dem Handbandschleifer. Dadurch verringerte ich die Gefahr, mir an der fertigen Kiste einen Splitter einzufangen.

2 Kanten auf Nägel überprüfen, danach hobeln: Nachdem ich mich überzeugt hatte, dass sich in der Nähe der Kanten keine Nägel befanden, ebnete und glättete ich die Kanten mit der Abrichthobelmaschine.

3 Enden abschneiden: Mit der Kappsäge kürzte ich die Bretter auf die richtige Länge, wobei ich einen Schnittwinkel von 90° einstellte. Vergessen Sie nicht, sich vorher zu vergewissern, dass sich keine Nägel in dem betreffenden Bereich befinden!

4 Lange und kurze Seitenbretter (A und B) fixieren: Die fertig zugeschnittenen Bretter fixierte ich nun in der endgültigen Anordnung mit einer Schraubzwinge.

5 **Lange und kurze Seitenbretter (A und B) zusammenschrauben:** Ich bohrte an jeder Verbindungsstelle mehrere Löcher mit 2,5 mm Durchmesser vor und schraubte dann die Bretter mit 40-mm-Schrauben zusammen.

6 **Form der Seitenstreben (C) festlegen:** Die Griffstange wollte ich mit Hilfe von zwei Seitenstreben anbringen. Die Seitenstreben sollten eine nach oben hin verjüngte Form erhalten, die ich auf den Rohteilen markierte.

7 **Seitenstreben (C) zuschneiden:** Für diese Arbeit war die Bandsäge ideal geeignet. Sie können auch eine Stichsäge nehmen.

8 Löcher für die Griffstange (D) bohren: Mit einem 29-mm-Forstnerbohrer (Flachfräsbohrer) bohrte ich etwas unterhalb der Oberkante beider Seitenstreben (C) jeweils ein Loch.

9 Stab für die Griffstange (D) auswählen oder aus einem Kantholz herstellen: Am liebsten hätte ich als Griffstange einen Stab mit 29 mm Durchmesser verwendet, hatte einen solchen aber nicht zur Verfügung. Also sägte ich von einem Stück Restholz eine Leiste mit einem Querschnitt von 27 x 27 mm ab. Mit einer Handfräse mit 45-Grad-Fasenaufsatz gab ich dem Stab einen achteckigen Querschnitt, sodass er jetzt sehr gut in der Hand liegt.

10 Boden (E) anbringen: Als Boden leimte ich einfach eine 6 mm starke Sperrholzplatte unten an der Kiste fest und befestigte sie zusätzlich mit Schrauben.

11 Seitenstreben (C) und Griffstange (D) befestigen: Ich befestigte die Seitenstreben mit Leim und Schrauben an den Seitenwänden der Werkzeugkiste und schob die Griffstange in die dafür vorgesehenen Löcher.

 Bei der Verarbeitung von Holz werden weniger fossile Brennstoffe benötigt als bei der Verarbeitung von Beton, Stahl und Aluminium.

12 Kanten abschleifen: Mit einer Surform-Raspel glättete ich die Kanten, um die Splitterbildung hintanzuhalten.

13 Leisten (F) anbringen: Ich wollte die Werkzeugkiste mit einem verschiebbaren Einsatzkästchen ausstatten, das auf Leisten hin- und herbewegt werden kann. Ich montierte dazu je eine Leiste knapp unterhalb der langen Kanten.

14 Einsatzkästchen zusammenbauen: Das Einsatzkästchen wurde aus 13 mm starken Brettern zusammengeleimt und -genagelt. Der Boden wurde angeleimt und festgeschraubt. Der robuste Einsatz kann einfach herausgenommen werden, wenn man auf das Werkzeug in der Kiste zugreifen will. Natürlich kann das Einsatzkästchen auch separat verwendet werden.

Werkbank

Ihr praktischer Helfer

Eine Werkbank ist zwar kein absolutes Muss, aber sehr praktisch – wenn
man Platz hat, um sie aufzustellen! Und eine Werkbank aus Palettenholz
ist geradezu ein Sinnbild der Nachhaltigkeit. Die Abmessungen und Details können Sie natürlich Ihren Wünschen und
Bedürfnissen anpassen.

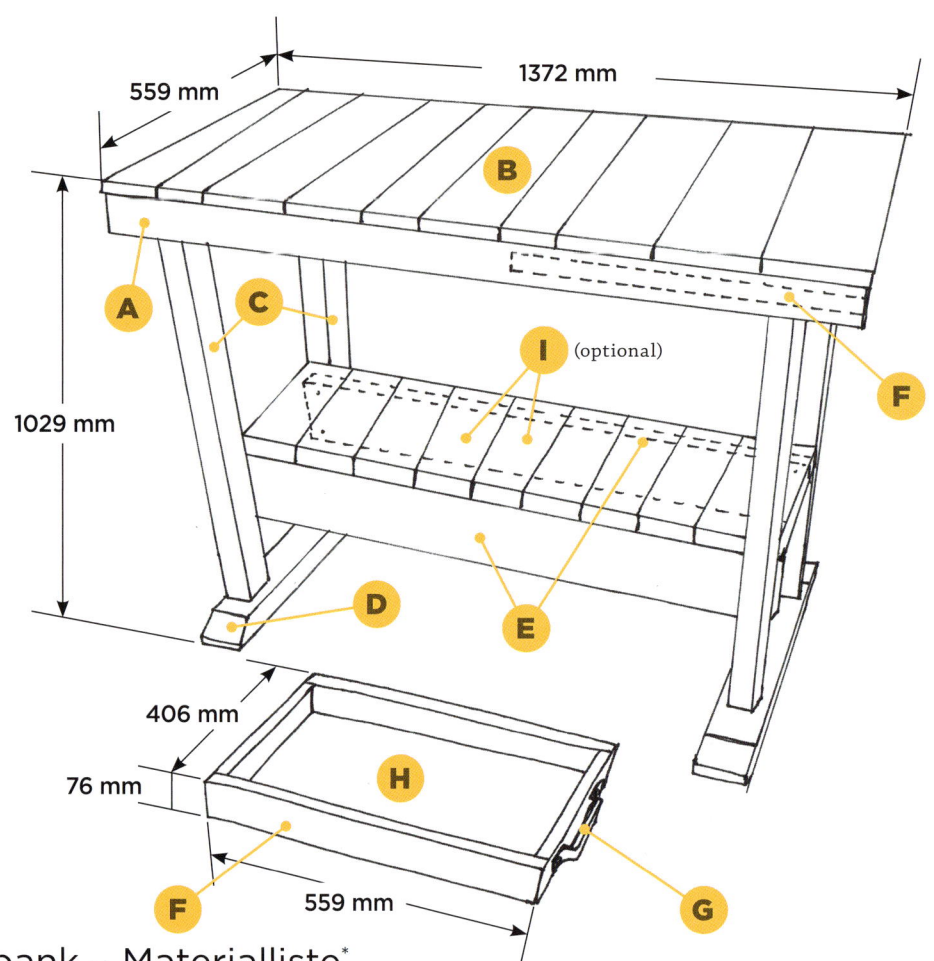

Werkbank – Materialliste*

	Teil	Anzahl	Material	Maße
A	Leisten	2	Bretter, 51 mm dick	102 x 1372 mm
B	Bretter für Arbeitsplatte	10 oder mehr, je nach Größe der Werkbank	Bretter, 19 mm dick	559 mm lang, versch. Breiten (insg. 1372 mm)
C	Beine	4	Bretter, 51 mm dick	76 x 857 mm
D	Ausleger	2	Bretter, 51 mm dick	102 x 559 mm
E	Zargen	2	Bretter, 51 mm dick	152 x 1118 mm
F	Schubladen-Seitenwände	2	Bretter, 19 mm dick	76 x 559 mm
G	Schubladen-Vorder- und Rückwand	2	Bretter, 19 mm dick	76 x 368 mm
H	Schubladenboden	1	Sperrholzbrett, 6 mm dick	406 x 559 mm
I	Bretter für die Ablage	10 oder mehr, je nach Größe der Werkbank	Bretter, 19 mm dick	559 mm lang, versch. Breiten (insg. 1372 mm)

*Alle Maße sind Ca.-Maße

1

Bretter für die Arbeitsplatte (B) zuschneiden und an den Leisten (A) befestigen: Bei der Arbeit an diesem Projekt begann ich oben (ich baute also die Werkbank sozusagen „verkehrt herum", da die Arbeit auf diese Weise leichter vonstattenging und ich nicht so sehr auf eine genaue Ausrichtung der Teile achten musste). Ich schnitt zunächst mehrere Bretter (B) auf eine Länge von 559 mm zu. Dann schraubte ich sie an den beiden Leisten fest. So erhielt ich eine Arbeitsplatte, die zwar nicht völlig eben war, aber für meine Zwecke ausreichte.

2

Beine und Ausleger (C und D) befestigen: Nun drehte ich die Arbeitsplatte um und befestigte die Beine (C) an den Leisten (A). Dann montierte ich mit langen Schrauben je einen Ausleger (D) an zwei Beinen. Die Enden der Ausleger schrägte ich in einem gefälligen Winkel ab.

Wissen Die Anzahl der Beschäftigten in der US-Möbelindustrie fiel von 1999 bis 2011 um mehr als 50 %.

3 Eine Zarge (E) abmessen und befestigen: Als Nächstes legte ich die Bank auf die Seite und befestigte mit einem Zimmermannsnagler eine starke Zarge an den Beinen, in etwa 165 mm Abstand von der Oberkante des Auslegers. Wenn Sie keinen Zimmermannsnagler haben, befestigen Sie die Zarge mit langen Schrauben.

4 Zweite Zarge (E) befestigen, Fortschritt überprüfen: Mit dem Anbringen der zweiten Zarge war die Werkbank im Wesentlichen fertig. Ich entschloss mich jedoch, noch ein paar Details hinzuzufügen.

5 Bretter für die Ablage (I) anbringen: Einige Bretter, die quer zu den Zargen montiert wurden, ergaben eine zusätzliche Ablagefläche.

6 Schubladenschienen anbringen: Ich wollte die Werkbank mit einer Schublade ausstatten. Zunächst montierte ich an der Innenseite der Leisten (A) unter der Arbeitsplatte (B) je eine Schiene. Dann ermittelte ich den Abstand zwischen den beiden Schienen, der gleichzeitig die Gesamtbreite der Lade bestimmte.

7 Schublade bauen: Die Schublade ist nichts anderes als eine einfache Kiste aus 19 mm dicken Brettern. Die Länge der Seitenwände (F) können Sie willkürlich festlegen (meine Bretter waren 559 mm lang), die Vorder- und die Rückwand (G) sind um 38 mm kürzer als die Gesamtbreite der Lade, die in Schritt 6 ermittelt wurde.

8 Den Boden der Schublade beizen (falls gewünscht): Damit der Inhalt der Schublade sich von ihrem Boden (H) besser abhebt, behandelte ich den Boden mit brauner Beize, bevor ich ihn montierte.

9 Boden (H) anbringen: Ich schraubte den Boden an der Lade fest und überprüfte gleichzeitig, ob die Maße der Diagonalen übereinstimmten, d. h. ob die Lade auch wirklich rechteckig war.

10

11

12

10 **Schublade an den Schienen befestigen:** Die fertige Schublade platzierte ich zwischen den Schienen und befestigte sie an jeder Seite mit drei Schrauben.

11 **Griff an der Schublade montieren:** Diesen Türgriff hatte ich zur Hand und montierte ihn mit zwei Schrauben an der Lade.

12 **Ein Brett als Verlängerung der Arbeitsfläche auswählen:** Die Arbeitsfläche lässt sich leicht verlängern, indem man die Lade herauszieht und ein 19 mm dickes Stück Sperrholz darauflegt.

Wissen Holzpaletten geben keine schädlichen Chemikalien in die Atmosphäre ab.

Ukulele

Musikalische „Palette"

In der amerikanischen Popmusik erlebt die Ukulele derzeit eine Renaissance – und mir kann es nur recht sein, denn ich habe für akustische Instrumente und für das Musizieren im Freundeskreis viel übrig. Auf den folgenden Seiten möchte ich zeigen, wie man ein spielfähiges Musikinstrument ausschließlich aus Palettenholz bauen kann. Dieses Kapitel ist gleichzeitig eine Hommage an die Paletten-Gitarre, die von Taylor Guitars in einer limitierten Auflage von 25 Stück hergestellt wurde (www.taylorguitars.com). Meine Ukulele ist nichts Außergewöhnliches, aber ein vollwertiges Musikinstrument, obwohl mich das Material (Saiten und Wirbel) nicht einmal 20 Dollar gekostet hat. Dieses Projekt ist nicht ganz anspruchslos, aber durchaus zu bewältigen! Nur Mut!

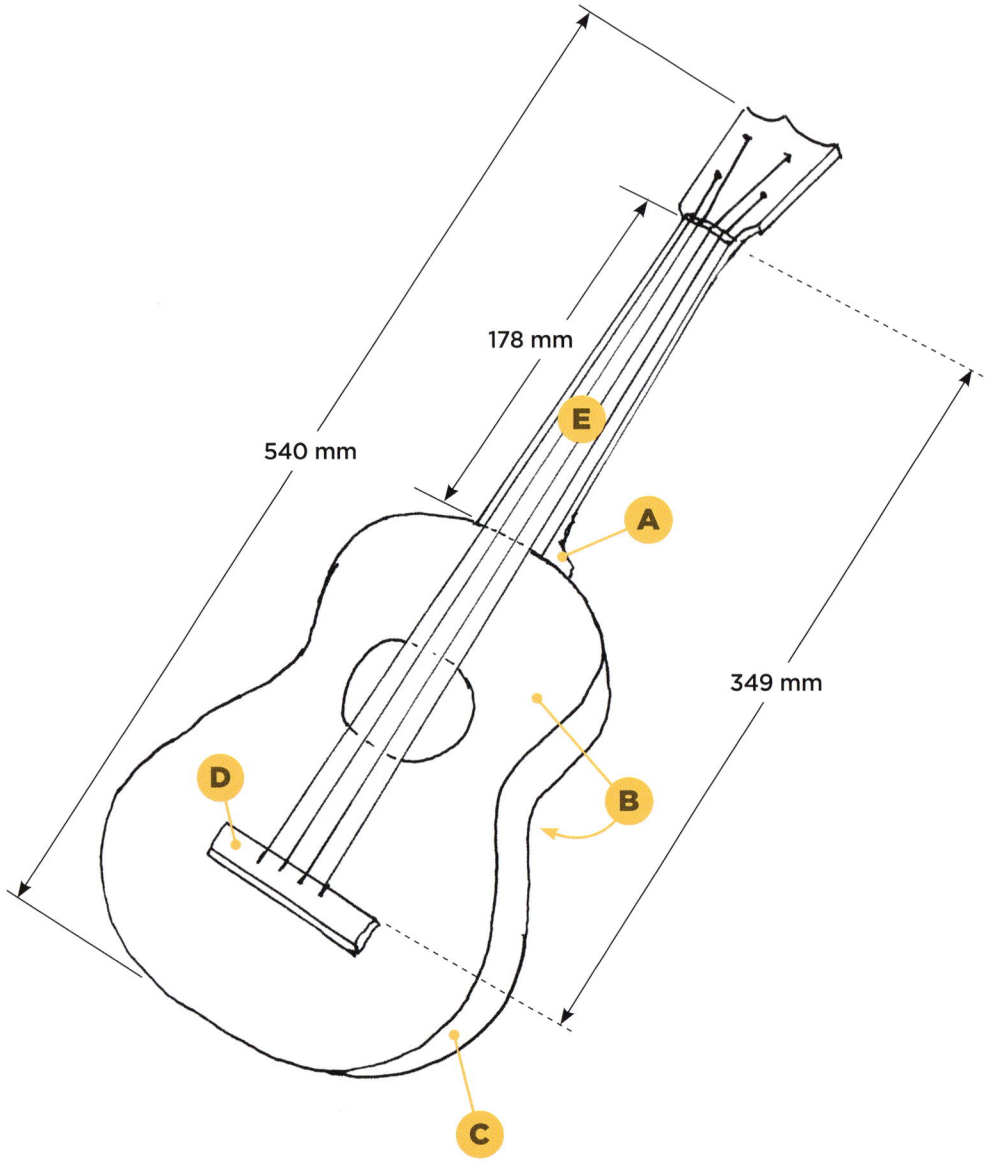

Ukulele – Materialliste*

	Teil	Anzahl	Material	Maße
A	Hals (Rohteil)	1	Holzbrett, 44 mm dick	57 x 330 mm
B	Decke, Boden	2	Holzbretter, 3 mm dick	178 x 254 mm
C	Zarge**	1	Holzbrett, 3 mm dick	57 x 763 mm
D	Steg (Rohteil)	1	Holzbrett, 8 mm dick	58 x 64 mm
E	Griffbrett (Rohteil)	1	Holzbrett, 6 mm dick	51 x 178 mm

*Alle Maße sind Ca.-Maße
**Schneiden Sie sicherheitshalber einige zusätzliche Zargen-Teile zu

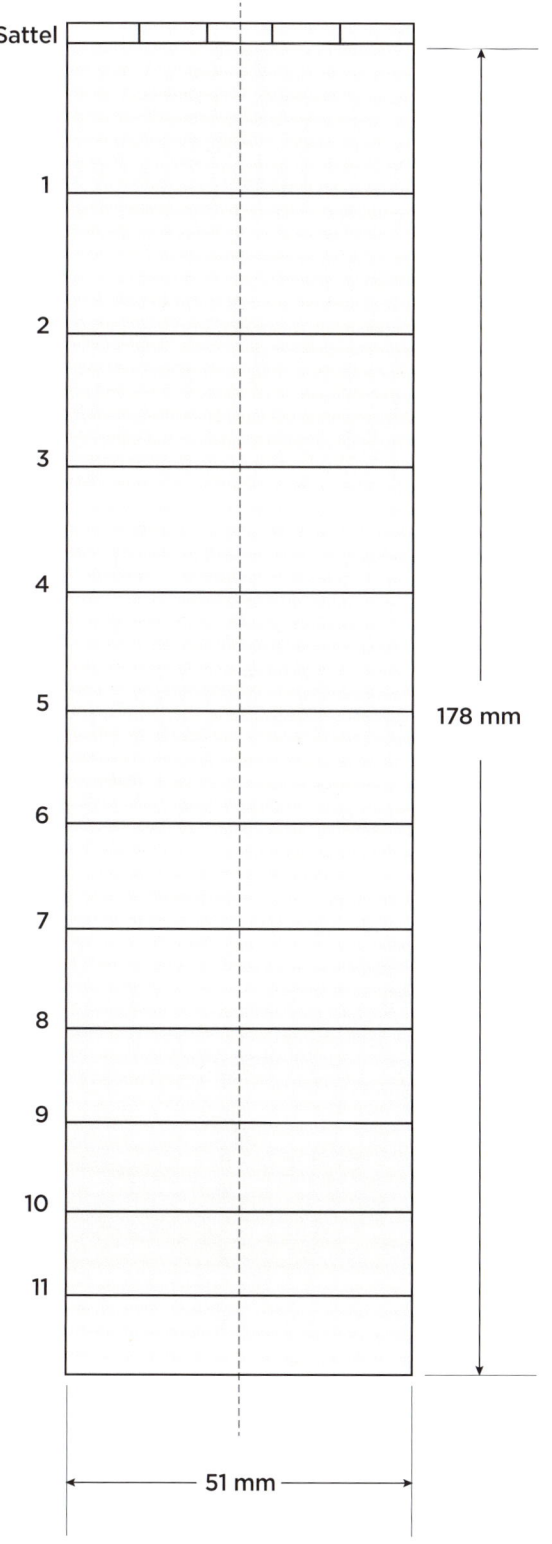

Sattel
1
2
3
4
5
6
7
8
9
10
11

178 mm

51 mm

Griffbrett

Abstand der Bünde

Bund-Nr.	Abstand zum Sattel	Abstand zwischen den Bünden
1	19 mm	Sattel – Bund Nr. 1: 19 mm
2	38 mm	Bund Nr. 1 – Bund Nr. 2: 19 mm
3	56 mm	Bund Nr. 2 – Bund Nr. 3: 16 mm
4	71 mm	Bund Nr. 3 – Bund Nr. 4: 16 mm
5	87 mm	Bund Nr. 4 – Bund Nr. 5: 16 mm
6	102 mm	Bund Nr. 5 – Bund Nr. 6: 14 mm
7	116 mm	Bund Nr. 6 – Bund Nr. 7: 14 mm
8	129 mm	Bund Nr. 7 – Bund Nr. 8: 13 mm
9	140 mm	Bund Nr. 8 – Bund Nr. 9: 11 mm
10	152 mm	Bund Nr. 10 – Bund Nr. 11: 13 mm
11	164 mm	Bund Nr. 11 – Bund Nr. 12: 11 mm

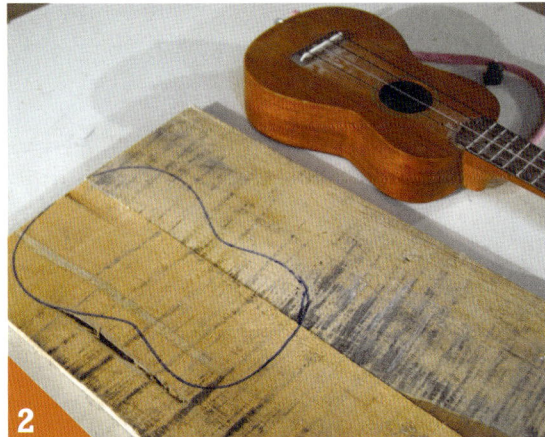

1 Rohteile für Decke und Boden (B) zuschneiden: Da ich kein Brett zur Verfügung hatte, das breit genug für die Korpusdecke oder den Boden war, leimte ich zwei Bretter zu einem Rohteil für die Decke zusammen. Dann machte ich es mit dem Boden genauso. Wenn Sie ausreichend breite Bretter haben, brauchen Sie sie nur auf die richtige Größe zuzuschneiden.

2 Bretter auf fehlerhafte Stellen überprüfen: Instrumentenbauer achten meist darauf, dass etwaige Fugen im Holz mit der Mittellinie zusammenfallen, mir war dies aber nicht wichtig. Ich war jedoch sorgfältig darauf bedacht, dass die Rohteile für Decke und Boden von fehlerhaften Stellen frei waren.

3 Decke und Boden (B) hobeln: Als der Leim getrocknet war, ließ ich die Rohteile für Decke und Boden (B) durch meine Hobelmaschine laufen. Ich legte sie dabei auf eine 19 mm dicke Unterlage und schob diese in die Maschine ein. So hobelte ich die Rohteile auf eine Dicke von 2,5 mm.

Wissen Fast alle Einfamilienhäuser in den USA (etwa 90 %!) sind in Holzrahmenbauweise errichtet.

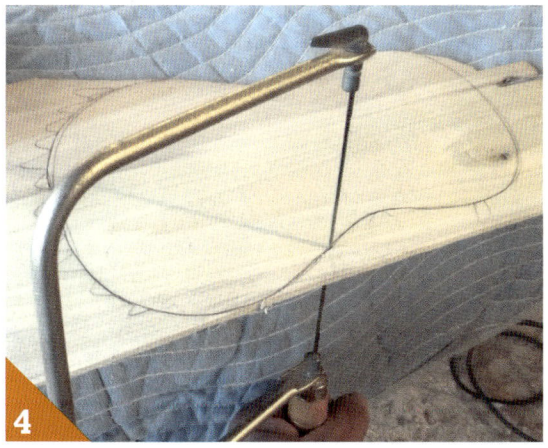

4 Decke und Boden (B) umreißen und ausschneiden: Da ich eine gekaufte Ukulele zur Hand hatte, nahm ich diese als Schablone. Die Decke und den Boden sägte ich an der Umrisslinie entlang mit einer Laubsäge aus, da die dünnen Rohteile für eine Bandsäge oder eine Stichsäge zu leicht zerbrechlich waren. Das Aussägen von Hand dauerte bei jedem Teil nur ein paar Minuten. Wenn Sie keine Ukulele als Vorlage greifbar haben, finden Sie die richtigen Maße im Internet. Sie können zwischen verschiedenen Größen wählen, je nachdem, welche Tonlage und welchen Klang das Instrument haben soll.

5 Decke und Boden (B) beschriften: Ich wählte einen der Teile als Decke aus und beschriftete die Teile, um sie nicht zu verwechseln.

6 Die Mitte des Schallloches ermitteln und markieren: Nun markierte ich die Mitte des Schallloches mit einem Bohrer. Bei der Größe und der Platzierung des Schallloches orientieren Sie sich an einer bestehenden Ukulele, falls Sie eine solche zur Hand haben, oder informieren Sie sich im Internet.

Innenseite
Unterteil

Decke

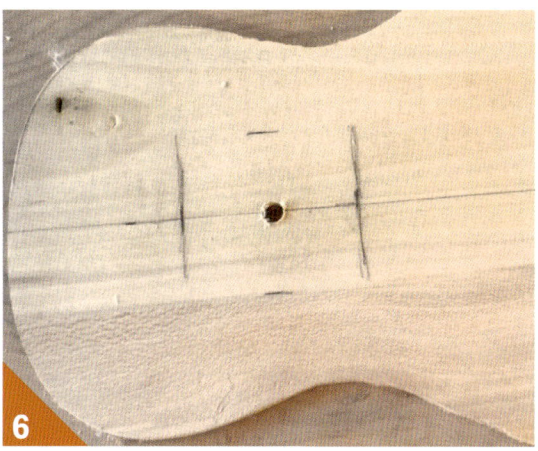

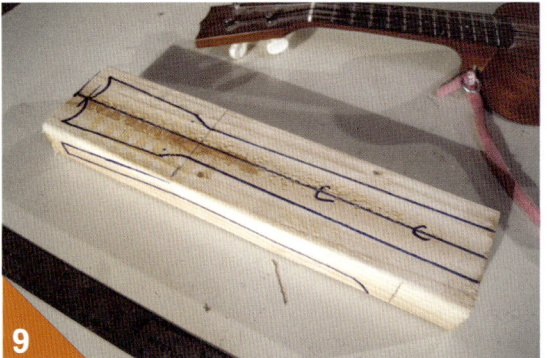

7 Schallloch ausschneiden: Um das Schallloch an der Decke (B) anzubringen, nahm ich eine Lochsäge mit 44 mm Durchmesser. Ein Forstnerbohrer (Flachfräsbohrer od. Astlochbohrer) wäre eine mögliche Alternative.

8 Das Längsprofil des Halses (A) auf dem Rohteil skizzieren: Als Nächstes zeichnete ich das Längsprofil des Halses auf der Seitenfläche des Rohteils (A) auf (penible Genauigkeit ist in dieser Phase nicht notwendig – versuchen Sie, dem gewünschten Aussehen des Halses so nahe wie möglich zu kommen). Auch hier gilt: Wenn Sie keine Ukulele zur Hand haben, an der Sie sich orientieren können, suchen Sie im Internet nach Vorlagen und Maßen.

9 Hals auf der Oberfläche des Rohteils (A) skizzieren: Aufgrund einiger Messungen am Hals meiner Ukulele zeichnete ich die Umrisse des Halses auf die Oberfläche des Rohteils. Am wichtigsten waren dabei die Breite des Halses am Sattel und am Ansatz sowie die Position der Wirbel. Falls nötig, informieren Sie sich im Internet über die richtigen Maße.

10 Hals (A) ausschneiden: Ich schnitt das überschüssige Holz am Rohteil für den Hals mit der Bandsäge ab.

11 Hals (A) abschleifen: Mit der Bandsäge können Sie ziemlich genau an den vorgezeichneten Linien schneiden, der Hals muss aber trotzdem abgeschliffen werden. Dazu ist ein stationärer Bandschleifer am besten geeignet.

12 Hals (A) feinschleifen: Entfernen Sie alle Unregelmäßigkeiten an den Rundungen des Halses mit den Schleifwalzen einer Standbohrmaschine.

13 Halsrücken abrunden: Dazu nahm ich eine Surform–Raspel und Schleifpapier.

14 Löcher für die Wirbel bohren: Bohren Sie vier senkrechte Löcher für die Wirbel in die Oberfläche der Kopfplatte.

15 Nach Bedarf den Hals verstärken: Während der Arbeit an dem Projekt merkte ich, dass der Hals am Ansatz nicht dick genug war. Um diesen Fehler zu korrigieren, leimte ich einen Holzklotz am Ansatz des Halses fest.

16 Angeleimten Holzklotz zurechtschneiden: Nachdem ich das überschüssige Holz weggeschnitten und den Holzklotz fein abgeschliffen hatte, war die Stückelung fast nicht mehr zu sehen. Diese Technik wird in ähnlichen Situationen häufig angewandt.

17 Schablone zum Formen der Zarge (C) zeichnen: Die Zarge entstand aus einem einzigen Stück Holz, das mit Dampf gebogen wurde. Dazu brauchte ich eine Schablone, an der ich die Zarge festklemmen konnte. Zunächst zeichnete ich den Umriss des Bodens auf ein 19 mm dickes Stück Sperrholz.

 **Wissen** Der erste „Tag des Baumes" wurde 1872 begangen, und zwar im US-Staat Nebraska, der heute über die größte angepflanzte Waldfläche der Welt verfügt.

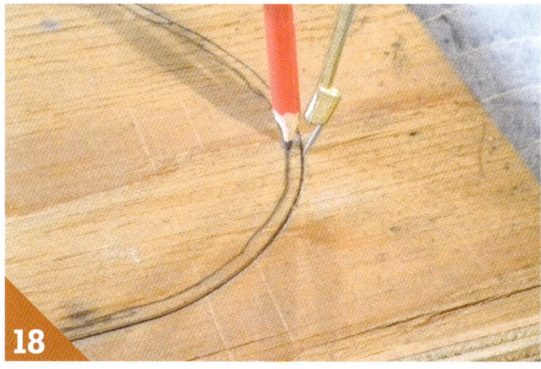

18 **Umriss der Schablone zeichnen:** Innerhalb dieses Umrisses zog ich mit Hilfe eines Zirkels, der auf 3 mm eingestellt war, eine zweite Umrisslinie.

19 **Schichten für die Schablone ausschneiden und zusammenmontieren:** Ich sägte das Sperrholz an der inneren Linie entlang aus und erhielt dadurch ein Holzstück in der richtigen Größe für die Schablone. Durch Nachziehen des Umrisses erhielt ich zwei weitere gleich große Sperrholzstücke. Nun leimte und nagelte ich die drei Schichten zu einer 57 mm hohen Schablone zusammen.

20 **Zarge (C) dämpfen und an der Schablone (Uke Mold) befestigen:** Nachdem ich den Holzstreifen für die Zarge gedämpft hatte (siehe Seite 118–119), bog ich ihn um die Schablone herum und fixierte ihn mit Schraubzwingen. Die Enden des Holzstreifens (C), die oben an der Ukulele überlappend aufeinandertrafen, wurden später auf die richtige Länge gekürzt (siehe Schritt 21).

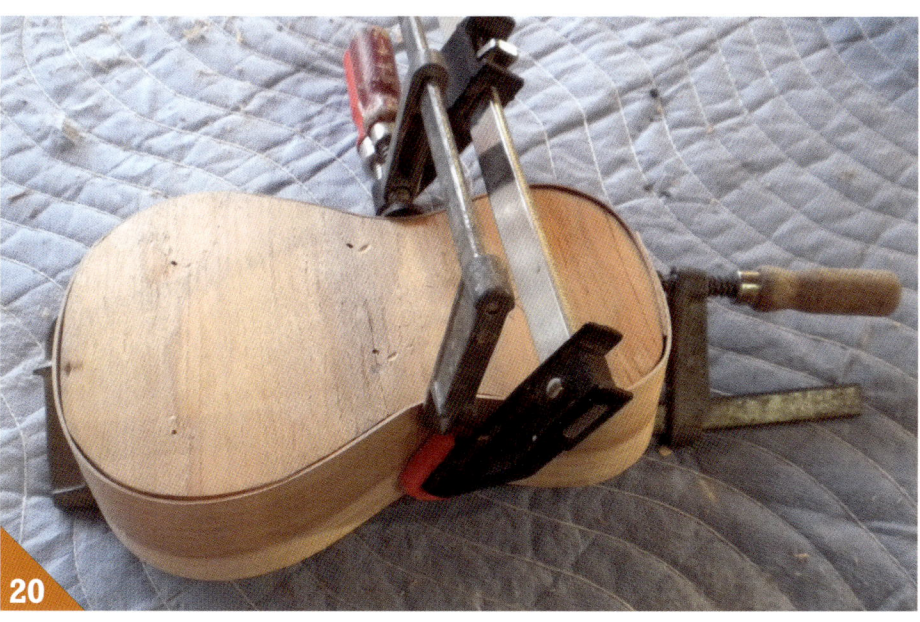

⟫⟫ HOLZ MIT DAMPF BIEGEN

1 Holzstreifen für die Zarge (C) und einige Reservestreifen zuschneiden: Dampfbiegen ist ganz leicht, wenn man den Trick einmal heraus hat. Schneiden Sie zunächst einige Streifen in der richtigen Größe für Ihr Projekt zu. Für mein Instrument benötigte ich 57 mm hohe und 3 mm dicke Streifen. Für den Fall, dass einer zerbrechen sollte, schnitt ich zur Sicherheit mehrere Streifen zu.

2 Dampfkammer bauen: Meine Dampfkammer baute ich aus Sperrholzresten, die ich zur Hand hatte. Die Kammer muss an beiden Enden je ein Loch haben, damit der Dampf auf einer Seite einströmen und auf der anderen Seite abziehen kann, während die zu dämpfenden Holzstücke in der Mitte der Kammer schön biegsam werden (siehe Schritt 3–4).

3 Abnehmbares Ende anbringen: Ein Ende der Kammer muss abnehmbar sein, damit Sie es leicht öffnen können. An diesem Ende wird auch die Dampfquelle „angeschlossen".

4 Auf der gegenüberliegenden Seite ein kleines Loch anbringen: Zum Entweichen des Dampfes genügt ein Loch mit 6 mm Durchmesser auf der gegenüberliegenden Seite der Kammer.

5 Dampfquelle wählen und je nach Bedarf anpassen: Als Dampfquelle nahm ich einen Dampfreiniger den ich um 30 Dollar erstanden hatte. Ich schnitt den Anschlussteil ab und führte einen Schlauch in das Loch in der abnehmbaren Seite der Dampfkammer ein.

6 Dampfkammer in Betrieb nehmen: Legen Sie nun das Werkstück in die Dampfkammer und schalten Sie die Dampfquelle ein. Wenn das Werkstück biegsam geworden ist, biegen Sie es um die Schablone herum in Form, fixieren Sie es mit Schraubzwingen und lassen Sie es trocknen, bis es die gewünschte Form angenommen hat. Außer Ukulelen baue ich mit meiner Dampfkammer auch Banjo-Rahmen – aber das ist eine andere Geschichte.

21 Zarge (C) kürzen, Kerben in den Hals (A) schneiden und Leim auf den Boden (B) aufbringen: Nachdem die festgeklemmte Zarge einen Tag lang getrocknet hatte, bestand praktisch keine Gefahr mehr, dass sie die Form wieder verlor. Ich nahm also die Schraubzwingen ab und kürzte die Enden des Holzstreifens mit einer Handsäge. Mit derselben Handsäge brachte ich am Ansatz des Halses kleine Kerben für die Enden der Zarge an. Schließlich brachte ich entlang der Kante des Bodens Leim zum Zusammenbauen auf.

22 Boden, Zarge und Hals (A, B und C) zusammenleimen und mit Schraubzwingen fixieren: Dieser Schritt ist einfacher, als er aussieht. Damit die Form der Zarge stabil bleibt, wird sie wieder mit der Schablone fixiert. Achten Sie aber darauf, dass der Leim vom Boden nicht auf die Schablone kommt, damit diese nicht festgeleimt wird!

23 Schraubzwingen entfernen und den Fortschritt überprüfen: Nach ein paar Stunden entfernte ich die Schraubzwingen und die Schablone.

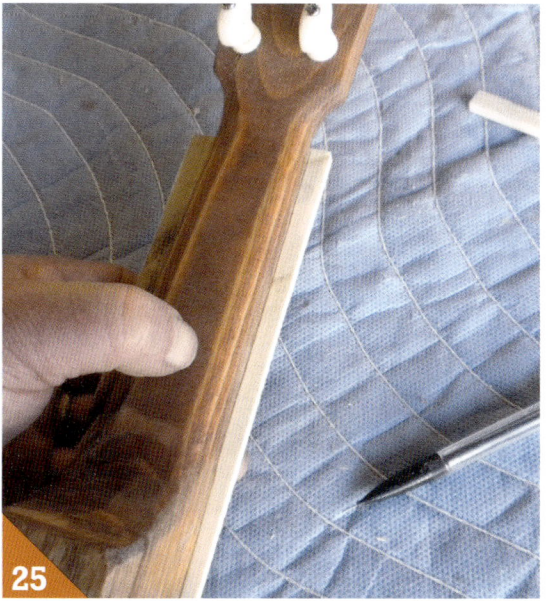

24 **Decke (B) festleimen:** Tragen Sie Leim auf, bringen Sie die Decke an und fixieren Sie sie mit Schraubzwingen.

25 **Rohteil für das Griffbrett (E) herstellen:** Nachdem der Korpus fertig zusammengebaut war, wandte ich mich nun dem Griffbrett (E) zu. Zunächst hielt ich den 6 mm dicken Rohteil an die Vorderseite des Halses (A). Dann drehte ich die Anordnung um und markierte den Abfall auf der Rückseite des Griffbretts. Später schnitt ich das überschüssige Holz mit meiner Bandsäge ab.

26

27

28

26 Positionen der Bünde auf einer Maßlatte markieren: Die meisten Maße der Ukulele können abgeändert werden oder müssen nicht ganz exakt sein – Hauptsache, Sie erhalten ein Instrument in der Form und Größe, die Sie sich vorgestellt haben. Beim Griffbrett (E) ist jedoch höchste Genauigkeit ein Muss, damit die Ukulele spielbar ist! Um die Bundschlitze im richtigen Abstand anzubringen, markierte ich die Positionen der Bünde meiner bestehenden Ukulele auf einem dünnen Stück Abfallholz (meiner selbstgefertigten Maßlatte). Wenn Sie Ihr Instrument nach den Maßen in der Materialliste (Seite 110) bauen, können Sie sich beim Abstand der Bünde nach dem Diagramm auf Seite 111 richten. Ansonsten müssen Sie die Abstände aufgrund der Länge des Halses berechnen. Im Internet finden Sie mehrere Rechner, die Ihnen dabei behilflich sind (z. B. *www.stewmac.com/FretCalculator*).

27 Positionen der Bünde von der Maßlatte auf das Griffbrett (E) übertragen.

28 Markierungslinien für die Positionen der Bünde verlängern: Mit einem Winkel verlängerte ich die Markierungen zu brauchbaren geraden Linien.

29 Bundschlitze schneiden, Griffbrett (E) auf die richtige Länge kürzen und festleimen: Die Bundschlitze schnitt ich mit einer Handsäge und einer Gehrungslade. Dann kürzte ich das Griffbrett (E) auf die richtige Größe und leimte es am Hals (A) an.

30 Bundstäbchen platzieren: Bundstäbchendraht ist meist per Laufmeter erhältlich. Ich schnitt mit der Drahtschere Stücke von 51–76 mm Länge ab, die ich dann mit einem Hammer in die Schlitze klopfte. Das klingt aufwändiger, als es ist – ich bin selbst im Instrumentenbau nur mäßig erfahren, für ein Griffbrett brauche ich aber nicht länger als fünfzehn Minuten.

Wissen   In manchen alten Kulturen wurde auf das Holz eines Baumes geklopft, um die Baumgeister zu beschwören. Möglicherweise stammt von daher unser Brauch, „auf Holz zu klopfen".

31 Position von Sattel und Steg (D) ermitteln, Sattel festleimen: Damit das Instrument spielbar ist, muss als letzte wichtige Abmessung der Abstand zwischen dem Sattel und der höchsten Stelle des Steges richtig gewählt werden. Ich übernahm diese Abmessung von meiner bestehenden, gekauften Ukulele. Sie können jedoch das Internet zu Rate ziehen.

32 Steg (D) herstellen und anbringen: Traditionellerweise werden Sattel und Steg einer Ukulele aus Knochen hergestellt. Bei meinem Instrument besteht der Steg – erraten! – aus einem Stück Palettenholz. Ich bereue meine Wahl nicht: Der Klang meiner Ukulele ist klar und kräftig!

Wissen Fast alle Teile eines Baumes können verwertet werden.

SONGTEXT: MAKE ME A PALLET ON THE FLOOR

„Make me a pallet on the floor" ist ein klassischer Blues-Song. Wie bei vielen volkstümlichen Liedern ist sein Ursprung nicht ganz geklärt. Der Song soll aus dem 19. Jahrhundert stammen, mehrere Versionen des Textes erschienen Anfang des 20. Jahrhunderts im Druck. Die neueste Version der Partitur wird W. C. Handy zugeschrieben. Das Lied handelte von einem müden Wanderer, der sich mit einer hölzernen Pritsche (pallet) als Nachtlager zufriedengeben muss:

LIEDTEXT

Refrain (Text und Akkorde)

C Make me down a pallet on your **G** floor
C Make me down a pallet on your **G** floor
Make me a **B7** pallet, **C** make it soft and low
G Make it down where my **D** good gal will never **C** know

Strophe

These blues are everywhere I see
Weary blues are everywhere I see
Blues all around me, everywhere I see
Nobody's had these blues like me

Refrain (Wdhl.)

Come all you good time friends of mine
Come all you good time friends of mine
When I had a dollar you treated me just fine
Where'd you go when I only had a dime?

Refrain (Wdhl.)

Well, I'd be more than satisfied
Yes, honey, I'd be more than satisfied
When I reach Atlanta and have no place to go
Won't you make me a pallet on your floor?

Refrain (Wdhl.)

Well the way I'm sleeping, my back and shoulders're tired
The way I'm sleeping, my back and shoulders're tired
The way I'm sleeping, my back and shoulders're tired
Gonna roll right over and try it on my side

Refrain (Wdhl.)

I drink whiskey at night; eat bacon in the morning
Whiskey at night and bacon in the morning
I drink whiskey at night; eat bacon in the morning
That's about all I need to keep me going

Refrain (Wdhl.)

Been hanging around with some good friends of mine
Hanging around with some good friends of mine
Oh they treat me very nice and kind,
But where'd they go, when I haven't got a dime?

Refrain (Wdhl.)

STICHWORTVERZEICHNIS*

[* Kursive Seitenzahlen verweisen auf Projekte.]

Aus unserem Programm

ISBN 978-3-7020-0922-9

ISBN 978-3-7020-1322-6

ISBN 978-3-7020-1373-8

ISBN 978-3-7020-1279-3

Leopold Stocker Verlag
www.stocker-verlag.com